北京市科技计划课题“京津冀区域协同创新网络建设研究”（Z141108001314026）
北京市科学技术研究院创新团队计划课题“京津冀协同创新共同体研究”（IG201603C2）

Beijing-Tianjin-Hebei Innovation Community:
Concept, Framework and Path

# 京津冀创新共同体

## 概念、框架与路径

王　峥　龚　轶／编著

科学出版社
北　京

**图书在版编目（CIP）数据**

京津冀创新共同体：概念、框架与路径 / 王峥，龚轶编著. —北京：科学出版社，2018.6

ISBN 978-7-03-057725-2

Ⅰ. ①京… Ⅱ. ①王… ②龚… Ⅲ. ①区域经济发展-协调发展-研究-华北地区 Ⅳ. ①F127.2

中国版本图书馆CIP数据核字（2018）第115736号

责任编辑：朱萍萍 李世霞 / 责任校对：张凤琴
责任印制：赵 博 / 封面设计：有道文化

**科学出版社** 出版
北京东黄城根北街16号
邮政编码：100717
http://www.sciencep.com
北京市金木堂数码科技有限公司印刷
科学出版社发行 各地新华书店经销
*
2018年6月第 一 版 开本：720×1000 1/16
2026年1月第三次印刷 印张：13
字数：174 000

**定价：98.00元**

（如有印装质量问题，我社负责调换）

# 前　言

进入21世纪以来，新科技革命和经济全球化推动世界进入前所未有的一个大变革、大博弈、大发展时期。以平等合作、共享互助、共同发展为核心的共同体理念成为中国应对一系列复杂问题所倡导的思想主张。国家如此，区域亦是如此。长期以来，区域差异大、发展不平衡是我国的基本国情。随着我国经济发展进入新常态和国际经济政治出现新形势，区域协调发展面临许多新的问题和挑战，需要新的思路和举措，也催生了“创新共同体”这一协同创新的新理念和组织形式。基于共同的地理空间形成的创新共同体正在成为应对全球化浪潮和新科技革命带来的产业布局变革、提升区域竞争力与影响力的重要手段。

自2008年美国大学科技园区协会等组织在《空间力量：建设美国创新共同体体系的国家战略》（*The Power of Place：A National Strategy for Building American Communities of Innovation*）报告中提出“创新共同体”概念起，这一新的创新组织模式就得到了社会各界的广泛关注并引起了各国政府的高度重视。法国从2005年起开始部署与创新共同体具有相似内涵的“竞争力集群计划”。北欧合作区以“北欧创新组织”为平台持续推进北欧地区的创新共同体建设。2014年我国出台的《京津冀协同发展规划纲要》中也明确提出要推动形成京津冀协同创新共同体。

然而创新共同体是什么，有什么样的内涵和架构，应该如何构建？这些问题尚没有得到系统的阐述和分析。缺乏相关的理论支撑，创新共同体的实践必然面临诸多问题。这也是作者撰写本书最初的出发点。

京津冀地区位于东北亚中国地区环渤海心脏地带，是我国经济最具活力、开放程度最高、创新能力最强的地区之一，也是我国经济发展的重要引擎。但是长期以来，京津冀地区的发展饱受各种问题困扰：北京经济发展水平较高，但城市功能过于集聚，“大城市病”突出；河北资源缺乏，经济社会发展相对缓慢；天津近年发展势头较好，但在区域内的协同带动作用弱；整个区域虽然城市密集，但城市群层级结构不完整，大、中、小城市发展不协调，还面临着明显的资源环境约束，水资源短缺，大气污染问题严重。京津冀地区的资源禀赋与现实基础决定了其发展模式，不同于英国以伦敦为中心逐级扩散的发展道路，也不同于德国莱茵-鲁尔地区齐头并进式的发展模式。京津冀地区的发展，一方面，需要充分利用北京创新资源富集的优势，挖掘创新潜力，提升创新活力，强化北京科技创新中心的地位；另一方面，又要通过城市间协同创新带动首都周边城市的发展，实现共同繁荣。创新共同体正是发掘京津冀地区资源优势，推动北京、天津、河北三地建立更紧密的经济社会联系从而实现协同发展的最佳战略性工具。创新共同体以协同为基点和核心，着眼于建立更紧密的区域关系，通过共同的创新目标凝聚区域共识，通过多层次的创新合作实现对区域资源的深度挖掘和利用，通过创新链的全方位协同提升创新互动的活跃度，从而实现区域创新能力的共同提升，带动区域整体发展。因此本书以京津冀地区为落脚点，理论结合实际，分析京津冀创新共同体的发展演化历史，探索新时代京津冀创新共同体建设的战略目标与路径，以期为京津冀创新共同体建设提供决策参考。

本书由北京决策咨询中心课题组编写，王峥副研究员作为课题负责人全程指导并参与了研究过程和书稿的设计与修改，龚轶作为主要执笔人承担了大部分文字工作，参与相关研究工作的还有武霏霏、高菲、杨丽丽、裴秋亚、张振伟等。天津市科学学研究所李春成所长、河北省社会科学院财贸经济研究所颜廷标所长等专家是课题组的长期顾问，为本书的研究提出了大量宝贵意见。北京市科学技术研究院郭广生研究员和王立研究员一直对研究团队给予关心和鼓励，在此一并表示感谢。

2014年以来，围绕着京津冀协同发展问题掀起了新一轮研究热潮。本书的内容是我们基于近年来持续跟踪京津冀地区发展研究的系统思考和总结，也是对京津冀创新共同体建设的一些初步探讨。虽然"欲其所知无不尽"，但由于区域协同发展问题纷繁复杂，加之笔者水平有限，书中难免有疏漏和不足之处，恳请各位同行及读者批评指正。

王　峥　龚　轶

2018年4月于北京

# 目　录

# 图目录

# 表 目 录

# 第一章 创新共同体理论

随着新科技革命的到来，全球联系更加紧密，全球竞争也日趋激烈，创新的来源以及创新的方式都发生了变化，这些催生了企业创新模式的进化和对创新理论的新思考。开放，共享，对社会、文化、制度环境的根植性成为企业创新模式的新特点。随之而来的开放式创新理论成为新科技革命背景下引领企业创新的新理论。开放式创新理论强调企业资源的开放共享，强调企业对外部资源的有效利用，通过利用内部、外部有价值的知识和资源来加快内部创新，并且利用外部的创新来拓展市场[1]。谷歌公司、华为技术有限公司等企业紧紧抓住新科技革命带来的机遇，通过开放式创新模式，成为新科技革命背景下以开放式创新打造核心竞争力的典范。

企业创新模式的重大变化和微观创新理论的发展也呼唤着宏观层面对创新理论的深入思考和革新。为了应对国际金融危机，2008 年美国大学科技园区协会等组织联合发布了《空间力量：建设美国创新共同体体系的国家战略》（*The Power of Place：A National Strategy for Building America's Communities of Innovation*），对科技创新以及产业发展的空间因素给予高度的关注，提出了“创新共同体”这一协同创新的新理念和组织形式[2, 3]。报告提出了创新的“空间力量”（the power of place）计划，着力打造一个能够将全国各个创新主体系统化连接起来的“美国创新共同体”（America's communities of innovation）。自此，创新共同体概念引起了世界各国政府的广泛关注，成为政策文件中的焦点。伴随着我国经济发展进入新常态，迫切需要通过协同创新和创新共同体建设来实现经济持续增长、产业转型升级和创新动力与能力提升的目标。因此在《京津冀协同发展规划纲要》和《长江三角洲城市群发展规划》这两份指引区域发展的纲领性文件中，明确提出要“建设创新共同体”，推动区域协同发展并引领经济转型升级。

与此同时，学界对创新共同体的研究开始聚集，涌现了一批相关的研究文献[4-7]。2015 年 3 月《京津冀协同发展规划纲要》颁布后，围绕着京津冀创新共同体建设，又掀起了新一轮研究热潮[8, 9]。创新共同体的研究正日益受到全球研究机构和学者的重视，出现在更多的文件和报告中，成为研究热点。然而，当前的大部分研究主要围绕着如何建设创新共同体以及相关的政策举措，对创新共同体的理论研究不足，尤其是创新共同体的概念，与其他创新理论相比，创新共同体具有哪些特定的内涵与特点，创新共同体是如何运行的，这些问题仍然不清楚。本章以此为出发点，从界定创新共同体的概念入手，着重讨论创新共同体的理论框架和研究范式，进而分析创新共同体产生和发展的动因及其基本特性，并结合有关案例阐明创新共同体的运行模式。最后，总结了各国创新共同体实践为我国进行创新共同体建设所带来的启示。

## 第一节　创新共同体的内涵

### 一、创新共同体的概念

Lynn 等认为技术商业化的过程中涉及一系列直接或间接参与的组织，这些组织根植于特定的制度环境相互作用和影响从而形成市场和非市场的关系，因此需要在广泛的框架下研究创新实现所需要的功能和制度安排，由此产生了“创新共同体”这一新概念。创新共同体由根植于密集社会经济关系网络的交互人群所构成，关注于参与成员之间的互动关系以及新技术与创新共同体的相互推动作用[10]。

Sawhney 和 Prandelli 认为，网络经济背景下，市场聚集和产业融合带来的创新所需知识的多样化与企业知识基础的专门化、精确化共同作用推进形成了分布式创新（distributed innovation）的局面，相应的管理机制需要在秩序和混乱中寻找平衡。传统的封闭等级制模式提供产权保护、确保结构化创新和明确的创新拥有者，但由于创新质量过于依赖创新计划和创新组织者，导致创新思想的多样性受限以及创新对话过程缺失，创新失败和丧失创新机会的风险较大；开放市场模式具有快速创新、计划灵活和自组织的优势，但由于缺乏对兼容性和创新质量的明确控制，易导致分裂化和创新过程的混乱与无向。自发的、动态的、自组织的共同体模式在过于结构化和完全的混乱之间取得了折中，达到了环境开放度和系统稳定性的最佳平衡，在知识成为经济租金的主要来源和新知识正在以猛烈的速度产生的背景下是更好的创新管理模式。这种“创造共同体”（community of creation）是一种渗透系统（permeable system），其边界处于不断变化之中。创造共同体依赖于广泛的参与，强调所有参与者对共同目标的贡献。在共同体内，由于提供了共同的参与环境，成员之间可以交流特定环境下产生的知识，因此既分享显性知识也分享隐性知识。创造共同体作为复杂适应系统，具有自组织的能力并能够不断演化至更加复杂和稳定的状态[11]。

北欧创新组织（Nordic Innovation）在2012年的《创新共同体：信任、互相学习与行动》（*Innovation Communities：Trust，Mutual Learning and Action*）报告中指出，在创新共同体中，具有较高技能的群体定期聚集，来学习和分享关于创新与创业管理问题的洞见。创新共同体具有四个典型特点：围绕着学习和能力构建、以行动为导向、有明确的领导者进行组织和管理、强调分享和相互学习。创新共同体致力于构建跨越边界的联系。创新共同体的成功与否难以预测，但信任无疑是最重要的因素之一。报告还进一步探讨了创新共同体与区域聚集的关系，指出创新共同体大多聚集于特定地区，创新共同体的形成和发展有助于打破区域壁垒，冲破文化和视角的限制[4]。

Raunio 等提出了“包容性创新共同体”（inclusive innovation community）的概念，强调从全球知识池中配置专业、文化和社会知识的能力。创新共同体的目的是产生创新、支持特定的创新过程。跨越正式边界的共同体是一个重要的集成平台。依据知识价值链（knowledge value chain）的三个不同阶段——知识产生、应用和商业化，可以将创新共同体分为四类：与创新过程直接相关的创新共同体，包括知识产生共同体和知识应用共同体；对创新过程产生间接影响的创新共同体，包括支持性的专业和商务共同体以及社会文化驱动共同体。制定创新政策的挑战在于对各类创新共同体的识别并提供政策措施来支持包容性的创新实践[7]。

总体而言，学者们认为创新共同体是致力于支持创新的实践共同体的一种形式[12, 13]。创新共同体起源于创新拥护者及其所构成的社会网络，是产生和支持创新思想的保障。创新共同体由一群目标明确的人群构成，他们朝着共同的目标一起努力，其动机来自于他们明确的共同理想[14]。综上，根据已有相关文献的研究观点和内容，作者认为，创新共同体是基于一定的政治、经济、社会、文化等基础，以共同的创新远景和目标为导向，以快速流动和充分共享的创新资源以及高效顺畅的运行机制为基础，多个行为主体（企业、大学、研究机构、政府、中介机构等组织和个人）通过相互学习和开放共享积极开展创新交互与协同合作，彼此间形成紧密的创新联系和网络化结构，推动个体成员创新能力的增强以及区域创新绩效与竞争力和影响力整体提升的特定创新组织模式。

## 二、创新共同体的基本框架

基于前人的分析和对创新共同体内涵的理解，本书构建了创新共同体的基本框架（图 1-1）。总体来说，创新共同体有六个基本构成要素——共同价值观与目标、创新资源、参与成员/参与主体、网络结构、运行机制和形成基础。

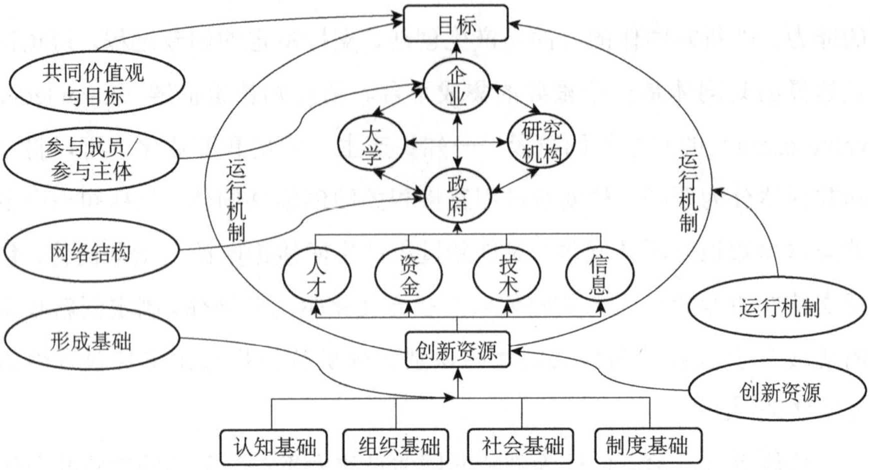


图 1-1 创新共同体的基本框架

创新共同体的成员有共同、明确的价值观与目标。共同体是目标与兴趣的共同体[15]。创新共同体中共同目标的建立往往基于共同的价值观：对分享精神的共识、对互利合作共赢理念的追求、对区域协同发展的认同等。因此，创新共同体的成员拥有共同的价值观、目标和利益诉求，而不是个体利益诉求——追求自我利益的最大满足[16]。创新共同体重视个体成员的利益，通过每个成员目标的达成来推动实现共同体的总体目标。

创新共同体有必备的创新基础资源——人才、资金、技术、信息等。在创新共同体中，每种资源承担着不同的功能。人才作为第一生产力，是知识创新和技术创新乃至制度创新的根本源头；技术是产生创新成果、实现创新功能的起点和原动力；资金是创新发生的必备资源和助推器；信息则是新科技革命背景下创新发生的加速器和催化剂。这些创新资源是创新共同体的“能量”，是共同体得以运转的重要物质保障。

创新共同体有多元参与主体[10]。共同体最大范围地吸引所有参与区域创新活动、支撑区域创新功能的主体。这些主体包括政府、科学共同体、企业、社会组织等各类机构，科技中介公司、投资公司、担保公司等各类企业以及产业创新联盟、行业协会等各类创新平台与载体。在创新活动中所涉及的组织和个人都可以参与到创新共同体中。多元主体参与保证了创新功能的充分运转与有效发挥，为共同体目标的实现提供了充分的结构性与功能性保障。

创新共同体具有网络化的结构[17]。网络结构推动区域内高校、研究机构、企业、政府等各主体和成员在共同体内紧密联结，人才、技术、资金、信息等各类创新资源、要素在创新共同体的网络中高效配置和流动，并通过这些主体、要素的有机结合和充分互动完成科技创新以及体制机制创新。共同体成员之间关系的紧密程度往往取决于成员间互动的频率与网络的密度。创新共同体的目标正是由共同体的网络结构中各个成员在创新网络中的互动和合作实现的。

创新共同体的高效运转需要相应的体制机制支撑[18]。创新实现需要多活动、多主体、多功能和多方贡献，涉及一系列的协调工作[10]，这为创新共同体的运行、管理提出了较大的挑战，管理的难度和复杂性也显著上升。具体来说，创新共同体运行中的体制机制包括驱动机制、运行机制和保障机制。驱动机制是创新共同体整个组织最深层和最前端的影响因素，对创新共同体的成员开展协同创新活动具有先导性、基础性作用，是诱发、引导创新共同体的关键环节，是创新共同体能够形成的首要条件。运行机制涉及创新共同体组织内部的工作内容与情况，是区域内各创新主体和要素之间在创新活动中相互联系和相互作用的方式。保障机制是保证协同创新活动正常运行和发展的动力机能，对整个创新共同体发挥着重要的支撑和保证作用。

创新共同体的形成需要有一定的基础。地理上的临近有助于知识，尤其是隐性知识的交换[19]，无疑是创新共同体形成、发展的一个重要基础和优势条件。然而，创新聚集区的知识网络往往是“不均衡且有选择性，而非普遍或共同”，这意味着地理上的共同定位对知识在主体之间的传递既非充分条件也非必要条件[20]。基于 Boschma 的邻近性理论，除了地理邻近，创新共同体的形成主要需要有四个方面的基础，即认知基础、组织基础、社会基础和制度基础[21]。与一般创新合作及创新网络形成不同的是，创新共同体更强调制度基础中软性因素的作用，软性因素即文化习惯和价值观[22]。共同的语言、习惯、确保所有权和知识产权的法律系统等[23]，有助于创新共同体内形成共同的目标，为交互学习和创新合作的有效发生提供更稳定的条件。

## 三、创新共同体的典型特征

如果说创新系统是区域创新理论 1.0，创新生态系统是区域创新理论 2.0，那么创新共同体就是区域创新理论 3.0。从创新系统到创新生态系统，创新理论实现了从无机静态关联向有机动态演化的关键转变；从创新生态系统到创新共同体，创新理论实现了从分散自发、自下而上发展到自觉集约、自下而上与自上而下有机结合的又一次突破。与创新生态系统相比，创新共同体的特点体现在以下几个方面。

### 1. 目标性

创新共同体具有明确的目标导向性。创新共同体各成员对目标有明确的认识并达成了一致的共识。创新共同体的目标既要代表每个成员的利益，也要满足集体和社会的需求。创新共同体的目标不是各成员目标的简单加总，也不是多个组织目标的简单加总，而是个体目标的有机结合，是对社会经济发展需求的积极回应。这种目标性有助于创新共同体各成员间保持更紧密的联系，从而为创新共同体内部的一致性和有序性奠定基础，创新共同体因此拥有更强的内聚力和吸引力。

在创新生态系统中，各主体按照各自利益发展，没有统一和一致的共同目标，各主体之间的合作往往是迫于外部竞争压力而展开的被动、短期的行为，由此而形成的关系“外紧而内松”，整个系统的内聚力和运行效率都明显低于创新共同体。

### 2. 集体性

如前所述，创新共同体的形成是各创新主体对技术变革和复杂环境的积极适应，体现了创新主体对共同价值观和目标一致的追求。创新共同体的集体性体现在两个方面：一是共同体体现的是集体主义价值观，成员追求的是共同的目标和利益，成员基于共识做出了共同承诺，共同体倡导的是集体主义精神；二是多元参与主体[10]，一系列的创新主体以一致的态度和行动形成合为一身的集体——创新共同体，创新共同体是一种集体的存在。

相比而言，在创新生态系统中，创新主体依据客观环境和竞争对手的变化做出反应，追求的是自我利益，体现的是生态系统中相互算计的选择意志和相互逐利的货币逻辑，是个人主义的典型表现。

### 3. 组织性

创新共同体具有明确的组织性。这种组织性体现在两个方面：一是有特定的机构、组织进行整体协同和管理，这个组织以实现创新共同体的共同愿景为目标，以促进成员间的创新协同关系持续、稳定发展为基本原则，对创新共同体的运行和未来发展进行统一的协调、管理；二是一个创新共同体往往包含多个以某个产业或某个机构为主导的专业性创新共同体，这些组织联合起来，形成了更大的、开放有序的创新共同体组织。

相比较而言，创新生态系统缺乏明确的组织，各创新主体之间的联系比较松散，以非正式的联系为主，企业之间的竞争和合作整体呈现一种相对无序的状态。与创新生态系统自发无序运行的特点相对，创新共同体整体处于一种自觉而有序的状态。从不确定的无序状态过渡到适度的有序状态，正是创新活动与组织形式不断进化的一种表现。

4. 成长性

与创新生态系统的动态性相似，创新共同体也处在不断地成长过程中[10]。这种成长性体现在三个方面：一是通过共同体内创新主体之间的信息共享和交流，促进各成员之间的相互学习，从而推动创新能力的不断提升；二是伴随着闲置资源的再利用和优势资源的充分共享，创新合作更加频繁，创新行为活跃，整个创新共同体的创新资源得到有效利用，从而带动创新效率的提升；三是随着创新主体创新能力的提升和创新资源利用率与创新效率的提高，创新共同体的创新步伐将迅速加快，创新资源的价值实现将更加充分，创新带来的经济收益将更加显著。

相比较而言，创新生态系统的动态性更多地体现为“优胜劣汰”的丛林风格，接近于自然的淘汰法则；创新共同体的成长性则更多地体现为“共生共荣”，强调创新共同体参与者在共享与相互学习基础上的不断成长与自我超越，具有更加积极的和谐共存与持续发展的人文含义。

5. 开放性

创新共同体的开放性体现在两个方面，一是宏观层面的开放性，即创新共同体对所有认同共同价值观和目标的创新主体保持欢迎的态度，积极吸收一切有助于自身发展的力量；二是微观层面的开放性，即各创新主体的开放性。创新共同体中的组织和企业的最大特征就是打破组织边界，与其他组织和环境的深度融合。一方面，通过创新资源的共享，组织内部暂时不用或被忽略的技术和资源得以流通，闲置资源可以得到重新利用；另一方面，基于与外部组织的交流和碰撞，组织之间可以实现创新功能的深度融合，通过各种创新合作，在原有组织模式的基础上不断衍生出新的合作组织形式，推动原有组织形式的进一步开放与融合。

创新共同体的开放性体现了创新主体对技术变革背景下创新内容和形式的变化以及复杂客观环境的主动性适应。通过开放共享，在封闭条件下各组织拥有的重复性资源得以充分利用，减少了资源浪费，提升了运营和创新效率。创新生态系统中，虽然整个生态系统是开放的，但各主体之间互相封闭，界限清晰，无疑易造成资源浪费和效率低下，导致整个系统的运行效率和资源利用率处于最优水平之下。

## 四、创新共同体产生和发展的动因

伴随着全球化的发展，缄默知识的大量存在、面对面交流的优越性推动着创新活动的空间聚集。创新共同体内部所形成的创新联系和信任关系不断强化创新的区域聚集，或者形成“创新热点地区”，并推动区域快速发展。创新共同体的出现，主要是由以下因素促成的。

### 1. 知识的创造、流动和扩散要求主体之间具有更紧密的联系

知识具有缄默性、复杂性、特异性或环境依赖性[24]。知识的缄默性，即存在隐性知识。隐性知识是“知道但无法言说的知识”[25]，无法被“捕捉”“传递”或 “转移”，而只能通过具体做法来展示和说明[26]。隐性知识根植于实践中[27]，往往比显性知识更有价值，也比显性知识更难流动[28]，要求提供者和接受者付出更多的认知努力[29, 30]。知识的复杂性指的是知识转移过程中用到的工具和固定规程（tool and routine）的数量[31]。固定规程是基于先期经验的未阐明的并可以表征组织中知识应用的惯例的活动[32]。因此，需要用于解释知识的固定规程越多，知识的转移也就越困难[33]。知识的特异性是指知识及其所嵌入的固定规程能够满足知识吸收者的程度。换言之，特异性表达了知识依赖于或不依赖于使用环境的程度[34]。知识越适用于接受者的环境，越能够被接受者吸收和理解，知识就越有价值。在全球化与知识经济时代，知识的缄默性、复杂性与特异性都在不断提升，要求知识分享与扩散的双方有更紧密的联系，增强信任，降低知识流动的障碍，进而提升知识创造与分享的效率。

创新共同体为推动知识的产生与共享提供了最充分的通道。创新共同体是“以灵感激发行动”的实践共同体（community of practice）[4]，紧密围绕着创新实践去完成既定任务。因此在共同体中根植于社会和实践的隐性知识的创造和流动也更容易，共同体成员一起参与的实践活动可以看作是隐性知识产生和流动的一种渠道[35, 36]。创新共同体强调创新合作与创新实践中的共享和相互学习。共同体中的组织学习是组织学习中最有成效的方式之一[27]。因而在创新共同体内，通过学习和共享，知识的复杂性带来的传播和扩散障碍可以得到有效地克服。创新共同体为来自不同文化和产业背景的人和机构提供了共同的制度和文化微环境，有助于降低知识的特异性，提高知识传递成功的可能性。

### 2. 企业集聚与创新交互需要更高效的平台来引导、支撑和服务

集聚有助于企业获得更匹配的人才、便利与上下游企业及用户的联系，并通过相互学习实现知识溢出和协同创新[37]，从而提升发展速度，获得更广阔的发展空间。集聚的功能性实质在于处于同一地点的企业、大学和政府在相关的商业运营中（基于关键支撑服务和其他资源）跨越组织、社会和层级边界建立联系[4]。在高度动态和数字化环境下，中小企业需要与周边环境、社区、网络或利益相关者建立联系和信任关系来提升生存可能性[38]，已不再有可以通过“领先用户策略”或使用“开放创新工具”和组织“创新竞赛”来熟练“管理开放创新过程”并发展足够的引力以吸引额外知识提供者的“大玩家”[39]。创新的产生越来越依赖于多层次交互。个别的、分散的、共享（竞争前）知识的中小企业需要与环境保持多重关系以实现创新[38]。企业的集聚与创新交互需要相应的引导、支撑和服务平台，为企业集聚和交互提供方向性的引导及信息、人才、资金等资源支撑和创新合作的信任支撑。

创新共同体为企业集聚与创新交互提供了最有效的平台。创新共同体

致力于建立跨越边界的联系，通过设定共同目标、谨慎甄选参与者、精心设计合作项目等方式保证了共同体内信任和分享机制的有效建立，为共同体成员提供创新交互所需要的条件和平台，助推共同体内创新要素的高度分享和创新资源的高效流动，从而推动成员在共同的实践活动中构建创新伙伴关系，通过相互学习和知识共享促进产生各类跨界合作、交叉合作。对共同价值观和目标的认同、成员之间内聚力的增强、创新能力强化、灵感激发以及创新领导者之间的多重联系和交互能够促进共同体内的企业或组织发展更独特的创新方法[4]，显著提升企业的创新能力和水平以及行业竞争力。

### 3. 区域协同发展需要更适合的引擎和载体

政府参与创新活动的主要目的在于促进创新创业和区域发展。然而政府努力的实际效果往往低于预期[40]。政府参与的不成功可以归因于人为因素，如糟糕的项目与体制机制设计（往往源于对激发创新、企业家精神远比资金支持、基础设施建设要更具长期性和复杂性的认识不足），以及非人为因素，如难以通过努力和意愿产生的产业聚集和区域聚集的有机特质[4]。究其根源，一是没有充分的实现“协同”所蕴藏的全部潜在收益，二是没有实现“协同”产生过程中无机要素与有机力量的有效结合。因此，区域协同发展需要新的引擎和载体，通过协同和交互的体制机制设计，实现创新要素的高效流动和创新资源的全面共享，基于政府力量与市场力量的互动实现无机与有机的高效结合，从而带动区域内部社会经济联系的增强，实现区域协同发展。

创新共同体成为引领区域创新发展的关键组织形式和区域协同发展最适合的载体。一方面，创新共同体通过共同目标、合作项目与运营机制设计，将多元主体聚集起来，在共同学习和合作中最大限度地实现创新主体和创新资源的个体价值与社会价值，通过个体创新能力的增强和共同体整体创新实力与创新绩效的提升，实现创新主体与区域的共同发展；另一方面，共同体不只着眼于短期创新联系的建立，更着眼于长期共同体内创新合作网络的搭建与维护，并通过创新联系的不断强化和创新网络的密集化，巩固、夯实创新共同体的认知、社会、组织和制度的基础[23]，推动形成创新共同体发展与各方面相互促进、共同发展的局面，从而实现发展动力从无机向有机的转换，完成自下而上与自上而下发展的有效结合。

## 五、创新共同体概念的理论价值与现实意义

创新共同体理论是创新系统理论和创新生态系统理论的延续、发展和深入，是微观创新实践与宏观创新管理的有机结合，丰富了创新理论研究。具体来说，创新共同体概念的理论价值体现在以下几方面。

（1）揭示了高速的知识创造和知识流动以及密集的主体间交互隐藏下的创新组织模式变革。新科技革命带来了一系列变革，改变了创新的来源以及创新的方式，也改变了创新主体之间的关系。开放、合作、共享取代封闭、排他、竞争，成为新背景下创新主体之间关系的主要内容。这种关系的改变带来了更加密切、频繁的创新协同与交互，推动着知识流动和扩散速度的快速提升。关系变化的背后是创新组织模式的变革，创新不再是只依靠个体力量与智慧的单打独斗，而是以共同信念和价值观以及由此带来的相互信任为纽带，个体联合起来形成有组织、有共同目标的集体。创新共同体准确地解释了这一变化的根源和结果，从而加深了对新科技革命背景下创新活动及其特点的认识。

（2）深化了对政府在创新活动中功能与作用的理解。传统创新理论中，政府不直接参与创新活动，是创新的“环境塑造者”[41]或“规则制定者”“总体设计者”[42]。实际上，由于市场失灵和政府失灵，以及区域经济发展中存在的一些特定挑战[43]，政府在创新活动中正在承担越来越多的职能。

创新共同体概念有助于理解政府这种角色上的转变：政府对创新活动的参与更加广泛和深入，不只是设计者和制定者，也是引导者、组织者和协调者。从共同价值观与目标的提炼、创新共同体的设立到创新主体合作交互意愿的助推与达成、实现创新合作所需条件的支撑与服务等，政府可以运用多种政策措施与手段激发和促进区域创新活动。

（3）进一步探索市场力量与政府力量的最佳结合方式。实践证明，自下而上与自上而下的国家或区域创新系统都存在一定程度的风险和问题[44]，如何将两者有机结合，充分发挥市场力量和政府力量的优势，同时又规避两者的风险与问题，是创新理论一直关注和研究的焦点。创新共同体既重视政府在创新交互中的引导、组织和协调作用，也关注通过体制机制设计激发和运用市场力量，实现自下而上与自上而下创新的深度融合，推动区域创新效率和效果实现质的飞跃。

此外，创新共同体概念还具有重要的现实意义。为推动区域发展，加快世界级城市群建设，以京津冀地区为首，我国各区域先后提出要建设区域创新共同体。创新共同体概念和内涵的完善与丰富有助于指导各区域结合本地发展水平与目标，探索区域协同发展的多形式载体，充分发挥政府的引导、协调和组织作用并激发市场活力，通过展开创新共同体实践，落实创新驱动发展战略，深化全面创新改革试验，实现区域创新管理水平的进一步提升，推动区域协同创新和联动发展。

## 第二节 创新共同体的运行模式

创新的过程是人们思维、表达、建立联系、学习和承受风险方式的混合演绎[4]。因此，其最佳支持方式、相关技能开发模式随组织、经济和社会文化的不同而不同。通过观察全球的创新实践可以看到，不同社会中创新的特点、对创新的感知与追求方式各不相同。创新共同体受多种因素影响，如设立目标、参与成员、区域经济文化特点等，体现为多种不同运行模式。具体来说，根据创新共同体的运营管理机构不同，创新共同体的运行模式可以分为政府支持机构主导模式、大学主导模式、商业组织主导模式和非营利组织主导模式（表 1-1）。

**表 1-1　创新共同体的运行模式及其特点**

| 模式 | 主导机构/人 | 参与成员 | 关注目标 |
| --- | --- | --- | --- |
| 政府支持机构主导模式 | 政府或政府支持的机构 | 政府、研究机构以及企业等多种类型机构 | 区域发展 |
| 大学主导模式 | 大学或大学教授 | 大学、研究机构以及企业等 | 区域发展<br>提升研究水平<br>加快研究成果的技术转移 |
| 商业组织主导模式 | 商业组织 | 大学、研究机构以及企业等 | 组织影响力<br>经济社会发展 |
| 非营利组织主导模式 | 非营利组织 | 独立的企业或企业家 | 组织影响力<br>经济社会发展 |

## 一、政府支持机构主导模式

政府支持机构主导型创新共同体是政府出资并由相关代理机构组织和管理的创新共同体。鉴于创新对经济增长与区域发展的驱动作用，政府对创新共同体建设保持着高度的兴趣和关注，是主导创新共同体的活跃力量。政府支持机构主导的创新共同体往往有明确的提升区域科学研究水平、促进技术转移与产学研合作等区域发展目标。通过吸引、调动区域创新资源、推进创新协作，政府支持机构主导的创新共同体能够显著提升区域创新绩效，推动产业集群和创新活动的空间集聚以及区域经济发展。该类型创新共同体的良好运转不仅需要有很好的创新活动设计，更需要对创新共同体建设的难度有充分的估计。典型的政府支持机构主导型创新共同体有北欧创新组织（Nordic Innovation）、科罗拉多创新网络（Colorado Innovation Network，COIN）、英国知识转移网络（Knowledge Transfer Network，

KTN）等。

## 二、大学主导模式

大学主导型创新共同体是由大学或大学教授组织并管理的创新共同体。大学在创新人才培养、科学技术研究和高新技术产业开发方面发挥着重要作用，是创新活动中知识生产和传播的核心力量。大学主导的创新共同体可以分为两类。第一类是与政府机构合作接受政府资助、以支持区域经济发展为主要任务的创新共同体，这类创新共同体在运营方式上与政府主导的创新共同体类似，但在创新目标和内容上具有更显著的研究导向。这类创新共同体会吸引一些大公司或跨国公司的本地分支机构加入，但往往更关注于本地中小企业。第二类是由某位大学教授或一群教授为了提升创新领域的研究水平而与该领域的企业、用户等各类实践者共同组成的创新共同体。这类创新共同体的资金来源于商业组织或非营利机构，其关注科技与产业的高效对接，在以用户需求为导向的技术与产品研究以及技术成果的快速转移方面有不俗的表现。典型的大学主导型创新共同体有卡迪夫大学创新网络（Cardiff University innovation network）、以色列理工学院创新知识中心（Knowledge Center for Innovation Technion，KCI）、美国的西北大学凯洛格创新网络（Kellogg Innovation Network，KIN）等。

## 三、商业组织主导模式

商业组织主导型创新共同体是由商业组织出资和运营的创新共同体。商业组织参与主导创新共同体，可以围绕自身具有的丰富的社会资源和商业资源，搭建更广阔和密集的合作网络，从而扩大商业组织的影响力。商业组织主导的创新共同体出于对经济和社会收益的考虑，对参与者的资格要求和管理比较严格，如在准入资格上对申请者的要求较高，有时会对成员收取一定的会费，有“俱乐部”的特点。因此这种类型的创新共同体往往没有大学主导和政府主导的创新共同体规模大，社会影响力可能也相对较弱。但该类型成员之间合作密切，交互频繁，推动形成更紧密的共同体网络结构，如英国创新论坛（UK innovation forum）。

### 四、非营利组织主导模式

非营利组织主导型创新共同体是由非营利组织、政府或商业机构出资并由非营利组织负责运营管理的创新共同体。与前面三类创新共同体有政府、研究机构以及企业等多种类型机构共同参与的特点不同，这类创新共同体仅以独立的企业或企业家为主要成员，力图为共同体成员提供商业指导并协助建立资金与专家网络。非营利组织主导的创新共同体组织区域非常成功的企业家为区域的企业和商业人士提供直接的商业运营支持。通过帮助成员扩大商业运作或推动同行之间的学习和共享等多种方式，这类组织极大地促进了企业家之间的交流与相互支持，推动形成了更具企业家精神的区域创新环境。典型案例包括建在芝加哥（Built in Chicago）、芝加哥企业中心（The Chicagoland Entrepreneurial Center）等。

## 第三节　创新共同体发展中的关键问题

创新共同体的形成和发展是多方面力量和因素相互作用的结果。在这个过程中，需要处理好以下四个方面的问题。

### 一、强化向心力与克服离心力

创新共同体处于不断发展与成长的过程中。在这个过程中，有两种力量在同时起作用。一种是向心力——创新共同体的聚合与发展；另一种是离心力——消解聚合的动力，这种力量抑制创新共同体的发展。在创新共同体发展过程中，这两种力量共同作用。当向心力大于离心力时，创新共同体处于不断上升的演化路径，直至两种力量势均力敌，到达均衡点；当离心力大于向心力时，创新共同体处于不断下降的演化路径，直至离心力与向心力相当，到达新的均衡点。通过强化向心力、克服离心力，创新共同体不断演化，发展壮大。

### 1. 创新共同体的向心力要素

创新共同体的向心力要素包括以下几方面。

（1）共同的价值观与目标。共同的价值观与目标是共同体存在的基础。创新共同体的核心功能是协同，而真正的协同是在人们追求共同目标中产生的。因此，共同的目标是创新共同体生成的前提和基础，是共同体凝聚力的重要保证。此外，创新共同体的成员要有对共同体及其身份的深刻认同，尤其是对创新共同体组织的认同。归属感是维系共同体的重要纽带。只有建立共同的价值观和目标，形成对创新共同体及其所倡导的创新文化的认同，才能产生真正的归属感，从而形成创新共同体的核心竞争力，使散落的创新个体团结在一起。

（2）知识溢出。知识的黏性决定了人们之间经常重复的、非正式的、面对面的互动，是知识溢出的有效机制。所谓知识的黏性，也就是知识的难获得、转移和使用的性质。区域创新共同体借助地理邻近带来的优势，给成员提供了更多正式交流的平台以及更多非正式交流的机会，成为实现知识溢出的重要载体。正是知识溢出的充分实现，使得区域创新共同体的价值得到了更充分的发挥，吸引更多的创新主体积极参与，推动创新共同体不断发展。

（3）资源分享。这里的资源包括基础设施、供应链及投入要素等。区域特定的社会经济因素、良好的基础设施等非贸易类投入品，是创新共同体非常有价值的公共品。具有企业所看重的特定的社会经济因素和良好的基础设施的区域，能吸引更多的企业进入。创新共同体内的企业及机构之间的经济联系，尤其是上下游供应链合作关系，有助于培养成员之间的信任关系，从而深化创新合作，也是吸引企业留在区域创新共同体的力量。此外，各种技术、资金等创新要素的共享也有助于成员在共同体内通过合作或者交换获得所需的资源。

（4）人才匹配。创新共同体中既有同行业、同类型的企业，也有不同行业、不同规模的企业，更有处于不同创新链环节的各类组织。各类组织的聚集为人才的交流与沟通创造了机会，更为人才的流动与发展扩大了空间。由于多元化、专业和信任关系，企业在创新共同体内更容易找到具备相关技能的合适人才。人才的高效率匹配也成为创新共同体的核心优势之一。

（5）顺畅的协调和运行机制。创新共同体的运行涉及多个地区、多个产业、多个主体，资源共享与创新合作的机会多、收益大。但由于区域跨度、产业跨度和领域跨度大，协调难度大，运行机制复杂。顺畅的协调和运行机制能为复杂的创新合作和共享活动提供最有效的平台和支撑，推动创新效率和效果的提升，实现个体和组织创新潜能的充分发挥与释放。

### 2. 创新共同体的离心力要素

创新共同体的离心力要素包括以下几方面。

（1）对共同体的价值观和目标缺乏认同。没有共同认同的价值观和目标，共同体只是松散的偶合人群，即偶然地在同一时间、同一地点临时聚集起来的一群人或组织，而不是真正的共同体。如果共同体的目标设定远离成员的个体目标，也难以实现成员对共同体目标的深度认同，共同体目标的凝聚作用受限，共同体的吸引力下降，离心力增加。

（2）知识溢出效果递减。影响知识溢出效果发挥的主要因素有两个，一个是主客体双方的知识水平差距，一个是知识吸收方的吸收能力。知识水平差距对技术转移和溢出效果的影响有两个方面：如果知识水平差距太小，就无法通过知识转移和扩散来获得更好的技术；如果知识水平差距过大，虽然可供吸纳地区进行技术模仿、学习的机会很多，但由于吸纳地区自身没有足够的技术能力去吸收、模仿、转移地区的技术，导致技术转移规模不大，知识溢出效果很小。

（3）人才、资金等要素投入品的非流动性。如果人才、资金等创新所需的核心要素在创新共同体内无法流动，那么企业难以从共同体内获得创新互动所需要的必要投入品，将转而倾向于其他更易于获得创新要素的方式。同时如果共同体内无法实现人才、资金等要素的顺畅流动，共同体内协同共享的功能缺乏现实的物质基础，共同体的优势功能难以发挥，共同体的离心力会增加。

（4）缺乏系统的运行机制支撑。没有系统的运行机制支撑，共同体难以高效运转，信息流动、资源分享和合作互动也难以顺畅地展开，共同体所拥有的潜在优势也无法发挥出来。当创新共同体成员无法从共同体中获得切实收益时，共同体的凝聚力就会下降。

总之，在创新共同体的形成和发展过程中，一方面，需要不断强化各项向心力要素，提升共同体的吸引力和凝聚力；另一方面，要警惕各项离心力要素的出现，不断降低离心力要素的影响，以向心力克服离心力，从而推动共同体发展壮大，越来越强。

## 二、政府与市场的精准配合

市场和政府存在两种截然不同的分配资源、制定决策和分担风险的制度安排。由于市场失灵，以及与研发和创新活动相关的不确定性、外部性和投资规模要求，政府在建设创新型经济中发挥着不可替代的关键作用。如何更好地发挥市场的力量和政府的作用，是全球学者都在持续关注和探讨的热点问题。创新共同体中，市场力量和政府力量共同作用，推动着创新共同体不断发展。

不同类型的创新共同体中，市场力量和政府力量的比重、作用方式、政策手段与措施各不相同。在政府主导的创新共同体中，政府可以通过多种形式发挥作用，如政府通过支持的机构直接参与技术商业化和技术扩散、创新孵化、企业家与投资人建立联系的过程，也可以通过各种政策手段鼓励创新共同体各成员共享创新资源、建立创新联系和合作关系，尤其是培育企业之间的合作并促进企业与研究机构、政府之间的联系。

在创新共同体发展的不同阶段中，政府力量和市场力量也起着不同的作用。在创新共同体发展初期，吸引各类创新主体参与，倡导共同体价值观和目标，宣传创新文化，搭建各类创新合作平台，推动各类创新主体的发展壮大，推动创新网络的形成等，都需要政府的大力支持与深度参与。随着成员对共同体认同感和归属感的增加，共同体的凝聚力上升，企业和各类组织之间资源共享和创新合作的增加，政府对创新共同体从直接支持逐步过渡到间接支持，关注的焦点也逐步转向企业创新发展的更细微和更深层次的问题。伴随着创新共同体的进一步发展，政府的主要工作是完善创新网络平台、优化创新环境、加强公共服务等。

## 三、统筹协调共同目标与个体目标

创新共同体作为一种特定的组织形式，其共同目标不同于一般的组织目标。创新共同体的共同目标强调满足成员的需求，而非一般组织所追求的外在目标。外在目标是指组织的存在是为了组织以外的目的或事物，如企业存在的核心目标是为了追求经济利益，满足员工的个体利益需求只是达成其核心目标的手段。创新共同体的共同目标是从成员的利益与需求出发，满足成员的创新发展需求。

然而对于个体而言，共同目标的实现是一件公共物品。因此，即便它的实现给整个共同体带来的总收益大于实现过程中花费的总成本，只要企业或组织感到它获得的收益份额低于它分摊的成本份额，它的个体目标与利益没有得到实现，它参与共同体的动机就会减弱，而可能更倾向于搭便车。因此如何协调好共同目标与个体目标的关系，尤其是如何通过机制设计降低参与成员的成本，规避搭便车行为，是在创新共同体建设过程中需要持续关注的问题。

此外，由于涉及区域发展问题，区域创新共同体设定的共同目标往往会搭载其他一些经济社会因素，如为了平衡区域发展差距，对相对落后地区的倾斜与扶持等。因此多重目标之间的平衡与协调也是区域创新共同体需要面对的一个问题。

## 四、政策目标与政策措施的匹配

创新共同体的建设和形成是一个长期的过程，需要在对未来趋势的理解和把握以及对创新共同体运行现实深入洞察的基础上，对其持续不断地进行资源投入、模式优化和机制调整。在不同阶段选用政策措施时，要结合不同阶段的政策目标和发展重点，考虑不同政策措施的特点，以高效、精准的政策措施组合来兼顾近期和远期发展目标。

（1）需要对不同阶段的目标有清晰的认识。随着创新共同体的发展，共同体内资源共享的范围和合作互动的频率不断提高，层次不断上升，合作创新的效率和效果不断提升，个体在创新共同体的参与程度也不断加深。在发展的不同阶段出现的问题不同，发展的着力点也不同。这些都需要政策目标的不断调整和政策措施的持续跟进。因此，随着区域创新共同体的发展，需要应对和解决的问题逐渐深化，政策目标也应随之循序渐进。

（2）在不同发展阶段需要不同的政策措施组合。发展阶段不同，政策目标不同，相应的政策措施也不同。需要根据不同发展阶段的特点设计相应的政策措施，以促进创新合作与形成网络为主线，既要考虑不同地区的特点与协调发展，又要考虑链式创新活动与产业发展的交叉和融合，重点解决当前核心问题，同时兼顾未来发展区域与共同体目标，形成核心突出、重点鲜明、兼顾未来、精准高效的政策措施组合。

（3）需要在政策跟踪、评估的基础上不断对政策目标和手段做出调整。创新共同体有来自不同地区的多元参与主体，管理的难度和复杂性较大，尤其是涉及跨地区或跨国界的创新共同体。因此在政策措施的落实过程中，需要持续不断地对其进行跟踪与反馈，追踪政策措施的落实情况，了解落实过程中存在的问题及其产生的原因，并及时给予调整和矫正。

## 第四节　本章小结

总体而言，由于实现了创新活动组织与管理中自下而上与自上而下力量的有机结合，创新共同体正焕发出强劲的生命力和增长态势。基于共同的地理空间形成的创新共同体正在成为应对全球化浪潮和新科技革命带来的产业布局变革、提升区域竞争力与影响力的重要手段。

创新共同体有共同目标、创新资源、参与成员、网络结构、运行机制和形成基础六个基本构成要素。创新共同体的成员有共同的、明确的价值观与目标。创新共同体有必备的创新基础资源，即人才、资金、技术、信息等，这些创新资源是创新共同体的“能量”，是共同体得以运转的重要物质保障。创新共同体有多元参与主体，从而保证了创新功能的充分运转与有效发挥，为共同体目标的实现提供了充分的结构性与功能性保障。创新共同体具有网络化的结构，共同体成员之间关系的紧密程度往往取决于成员间互动的频率与网络的密度。创新共同体的高效运转需要相应的体制机制支撑，其包括驱动机制、运行机制和保障机制。创新共同体的形成需要有一定的基础，其包括认知基础、组织基础、社会基础和制度基础。

创新共同体具有五大特性，即目标性、集体性、组织性、成长性和开放性。创新共同体具有明确的目标性。这种目标性有助于创新共同体各成员间保持更紧密的联系，从而为创新共同体内部的一致性和有序性奠定基础，创新共同体因此拥有更强的内聚力和吸引力。创新共同体有多元参与主体，是一种集体的存在，体现的是集体主义价值观，成员追求的是共同的目标和利益，倡导的是集体主义精神。创新共同体往往包含多个以某个产业或某个机构为主导的专业性的创新共同体，有特定的机构和组织进行整体协同和管理。创新共同体在不断成长，在这个过程中，创新能力、创新效率和创新绩效等都将不断提升和改善。创新共同体还积极吸收一切有助于自身发展的力量，鼓励成员之间的开放合作和交流共享。

创新共同体受多种因素影响，体现为多种不同的运行模式。根据创新共同体的运营管理机构不同，创新共同体的运行模式可以分为政府支持机构主导模式、大学主导模式、商业组织主导模式和非营利组织主导模式。政府支持机构主导型创新共同体是政府出资并由相关代理机构组织和管理的创新共同体，有明确的提升区域科学研究水平、促进技术转移与产学研合作等区域发展目标。大学主导型创新共同体是由大学或大学教授组织并管理的创新共同体，通常聚焦于科技与产业的对接，往往更关注于本地中小企业的创新与发展。商业组织主导型创新共同体是由商业组织出资和运营的创新共同体，对参与者的资格要求和管理往往比较严格。非营利组织主导型创新共同体是由非营利组织、政府或商业机构出资并由非营利组织负责运营管理的创新共同体，以独立的企业或企业家为主要成员，力图为共同体成员提供商业指导并协助建立资金与专家网络。

在创新共同体形成和发展过程中，如何在不同发展阶段实现市场和政府的精准配合，如何更好地统筹和协调共同目标与个体目标，如何不断强化共同体的向心力并克服离心力等议题仍然是创新共同体研究中尚待解决的命题，值得学界展开更深入的研究和探讨。

## 参考文献

[1] Chesbrough H. Open Innovation：The New Imperative for Creating and Profiting from Technology[M]. Boston：Harvard Business School Press，2003.

[2] Association of university research parks. The power of place：A national strategy for building America's communities of innovation[EB/OL]. http：//www.aurp.net/assets/documents/The Power of Place.pdf [2015-9-16].

[3] 李春成. 创新共同体——协同创新的理念与工具[EB/OL]. http：//blog.sina.com.cn/s/blog_ d38885690101hyqt.html[2016-3-18].

[4] Lippitz M，Wolcott R C，Andersen J B. Innovation Communities：Trust，mutual learning and action[R]. Nordic innovation Report，2012/22，2013.

[5] 苏宁，屠启宇. 构建创新共同体协同创新谋发展——美国建设创新共同体应对危机[J]. 华东科技，2013，(2)：70-73.

[6] 李春成. 建立京津冀创新共同体[J]. 中国高新区，2014，(11)：30-31.

[7] Raunio M，Kautonen M，Mustikkamäki N，et al. Inclusive innovation communities linking finnish economy with global talent pool[R]. Tekes Policy Brief，2014.

[8] 刘宾，董谦，辛文玉. 京津冀科技创新共同体的构建及模式分析[J]. 商业经济研究，2016，(16)：127-129.

[9] 胡宗雨，李春成. 从科学共同体到创新共同体——溯源与运行机制[J]. 商，2015，(38)：116-117.

[10] Lynn L H，Reddy N M，Aram J D. Linking technology and institutions：The innovation community framework[J]. Research Policy，1996，25 (1)：91-106 .

[11] Sawhney M，Prandelli E. Communities of creation：Managing distributed innovation in turbulent markets[J]. California Management Review，2000，(4)：24-54.

[12] Coakes E W，Smith P A C. Developing communities of innovation by identifying innovation champions[J]. The Learning Organization，2007，14 (1)：74-85.

[13] Montoro-Sánchez A，Ortiz-de-Urbina-Criado M，Mora-Valentín E M. Effects of knowledge spillovers on innovation and collaboration in science and technology parks[J]. Journal of Knowledge Management，2011，15 (6)：948-970.

[14] Grimaldi M，Cricelli L，Rogo F. A methodology to assess value creation in communities of innovation[J]. Journal of Intellectual Capital，2012，13 (3)：305-330.

[15] Kilpatrick S，Barrett M，Jones T. Defining learning communities[R]. Australian

Association for Research in Education，2003.
[16] 张志旻，赵世奎，任之光，等. 共同体的界定、内涵及其生成——共同体研究综述[J]. 科学学与科学技术管理，2010，（10）：14-20.
[17] Wenger E. Social Learning Systems and Communities of Practice [M]. London：Springer，2010.
[18] Moingeon B，Quelin B，Dalsace F，et al. Inter-organizational communities of practice，specificities and stakes[R]. Hautes études commerciales de Paris，2006.
[19] Bell G G，Zaheer A. Geography，networks，and knowledge flow[J]. Organization Science，2007，18（6）：955-972.
[20] Giuliani E. The selective nature of knowledge networks in clusters：Evidence from the wine industry[J]. Journal of Economic Geography，2007，（7）：139-168.
[21] Boschma A. Proximity and innovation：A critical assessment[J]. Regional Studies，2005，（39）：61-74.
[22] Zukin S，Dimaggio P J. Structures of Capital：The Social Organization of Economy[M]. New York：Cambridge University Press，1990.
[23] Balland P A，Boschma R，Frenken K. Proximity and innovation：From statics to dynamics[J]. Regional Studies，2015，49（6）：907-920.
[24] Tounkara T. Increasing transferability of tacit knowledge with knowledge engineering methods[J]. Electronic Journal of Knowledge Management，2013，（11）：268-279.
[25] Polanyi M. The Tacit Dimension[M]. London：Routledge & Kegan Paul，1967.
[26] Tsoukas H. Do We Really Understand Tacit Knowledge？[M]. Oxford: Blackwell，2003.
[27] Lamsa T. Knowledge creation and organizational learning in communities of practice：An empirical analysis of a healthcare organization[R]. University of Oulu Thesis，2008.
[28] Polanyi L. Telling the American Story：A Structural and Cultural Analysis of Conversational Storytelling[M]. Norwood：Albex Publishers，1985.
[29] Dalkir K. Knowledge Management in Theory and Practice[M]. 2nd ed. Cambridge：The MIT Press，2011.
[30] Harrison A，Hu Q. Knowledge transfer within organizations：A social network perspective[C]. Hawaii International Conference on System Sciences，2012.
[31] Fox S. Communities of practice，foucault and actor-network theory[J]. Journal of Management Studies，2000，37（6）：853-867.
[32] Szulanski G. Exploring internal stickiness：Impediments to the transfer of best practice

within the firm[J]. Strategic Management Journal，1996，（17）：27-43.
[33] Argote L，Ingram P，Levine J M，et al. Knowledge transfer in organizations：Learning from the experience of others[J]. Organizational Behavior and Human Decision Processes，2000，82（1）：1-8.
[34] Zander U，Kogut B. Knowledge and the speed of the transfer and imitation of organization capabilities[J]. Organization Science，1995，（6）：76-92.
[35] Fineman S. Emotionalizing organizational learning[M]. Oxford：Blackwell，2003.
[36] Reed R，Defillippi R J. Causal ambiguity，barriers to imitation，and sustainable competitive advantage[J]. Academy of Management Review，1990，15（1）：88-102.
[37] Duranton G，Puga D. Micro-foundations of urban agglomeration economies//Handbook of Urban and Regional Economics，Volume 4. Amsterdam：Elsevier，2004.
[38] Hafkesbrink J，Evers J. Innovation 3.0：Embedding into community knowledge—The relevance of trust as enabling factor for collaborative organizational learning// Hafkesbrink J，Hoppe H，Schlichter J. Competence Management for Open Innovation：Tools and IT Support to Unlock the Potential of Open Innovation Beyond Company Boundaries[M]. Lohmar：Eul Verlag，2010.
[39] Diener K，Piller F T. The market for open innovation：Increasing the efficiency and effectiveness of the innovation process[R]. Aachen University，RWTH-TIM Group，2010.
[40] Lerner J. Boulevard of Broken Dreams[M]. Princeton：Princeton University Press，2009.
[41] Council on Competitiveness. Innovate America：Thriving in a world of challenge and change[R]. National Innovation Initiative Interim Report，2004.
[42] Cooke P，Memedovic O. Strategies for regional innovation systems：Learning transfer and applications[R]. UNIDO Policy Papers，2003.
[43] Edler J. Review of policy measures to stimulate private demand for innovation：Concepts and effects[R]. Nesta Working Paper No. 13/13，2013.
[44] Heidenreich M. The Dilemmas of Regional Innovation Systems//Braczyk H J，Cooke P，Heidenreich M. Regional Innovation Systems：The Role of Governance in a Globalized World[M]. London：Routledge，2004.

# 第二章 世界典型创新共同体

创新共同体是客观存在的具有共同利益诉求和理念价值取向的创新组织方式。创新共同体是“自然发生的实体”，是在结构上具备一定条件的社会实践的产物[1]。创新共同体产生于特定的社会经济环境，其形成基础、参与成员，乃至具体的运行机制受具体的社会经济环境以及共同体与所处环境互动方式影响而呈现出不同的特征。正是基于上述因素，实践中的创新共同体在设立目标、类型、运作方式等方面呈现不同的个性特征。为了增加对创新共同体的了解，本部分从案例出发，分析总结创新共同体的运行与管理。

## 第一节 美国创新共同体

2008 年全球金融危机后，美国的创新政策发生了重大变化，在区域层面注重科技创新和产业空间的发展，并开始将创新的重点工作放在区域创新集群建设上，制定、实施了一系列相关战略和规划。其中，受到重点关注的战略是由美国大学科技园区协会等发布的研究报告《空间力量：建设美国创新共同体战略》提出的[2]。报告中明确指出：与其他国家政府不同，美国联邦政府并没有主导美国科技园区和创新集群建设与发展，尽管美国联邦政府掌握了大量能够促进区域创新发展的资源。因此，美国联邦政府有必要重新审视其相关政策，加大在区域创新层面的资金和政策支持，以重构美国的创新战略。2010 年，美国联邦政府向经济发展局（U.S. Economic Development Adminstration，EDA）专项拨款 1 亿美元用于支持区域创新集群和商业孵化器的发展。虽然从数量上看这只是美国联邦政府与创新相关预算微小的一部分，但这是美国历史上首次在国家层面向区域创新集群发展进行专项拨款，是美国创新战略重点转向区域创新集群建设的重要一步。

## 一、目标

美国创新共同体的建设目标是：通过联邦政府在全国乃至全球范围内的资源配置，与地方政府共同促进当地创新集群的建设，通过将高校、科研院所、科技园区及私营研发部门等各个创新系统联结起来，打造承担美国科技创新的新体系，强化美国在国际上的竞争力。美国创新共同体建设从本质上看是通过知识产权与实物产权的融合以及人力资本与金融资本的碰撞，在全国范围内消除各创新主体间的合作障碍，全面提升美国的创新能力，从而实现经济的可持续发展。

## 二、构成要素

美国创新共同体建设计划由联邦政府主导，地方政府将在土地资源、基础设施和公共服务等方面提供协助和支持。美国创新共同体将通过在有形的地理空间内聚集全球创新资源，实现国家创新能力的提升。目前，美国创新共同体主要有科技园区、高校、联邦实验室、私营研发企业四个主体元素。

1. 科技园区

主要是指通过聚集创业企业、研究机构、孵化器和提供技术转化、商业开发等服务的中介组织而形成的实体组织。

2. 高校

主要是指具有研发和商业成果转化能力资质的大学与学院及其所在区域内的相关研究机构。

3. 联邦实验室

主要包括联邦政府建立的实验室、资助的研发中心和其他由政府部门拥有或租赁的科研中心，其主要任务是服务于国家战略。

### 4. 私营研发企业

主要是以小微型企业为主，这些企业存在较大的创新能力差异，虽然普遍具有较好的商业嗅觉，但融资及产业化能力较薄弱。

## 三、建设方案

美国创新共同体建设的主要工作是希望通过政府加大对区域创新建设的投入，将全国的各个创新主体联结起来，形成一个全新的美国科技创新体系。在美国大学科学园区协会的两份研究报告——《空间力量：建设美国创新共同体系的国家战略》和《空间力量 2.0：创新力量》中明确提出了建设美国创新共同体的方向和主要工作内容。整体分析来看，其创新共同体建设方案的主线有两个。一是强化联邦政府对区域创新集群的资源配置；二是加大联邦政府对区域创新集群的政策扶持，从而打通全美各主要创新主体之间的联结渠道，形成新的科技创新体系。

### 1. 强化创新资源在区域创新集群的配置

美国联邦政府直属及合作的众多联邦实验室聚集了大量高端研究人员，每年内部研究投入超过 200 亿美元（基本等同于全美高校的研究费用），是美国国家创新体系中的重要主体。但是联邦实验室的成果却很少能够为地方科技创新提供支持。为此，美国联邦政府计划从研究型大学、研究机构和联邦实验室的技术转移方式中挑选出最优方式，并由美国国会授权成立研究成果转化中心，地方政府将在土地、基础设施和公共服务等方面提供配套支持。这一措施的目的在于提高创新共同体内联邦实验室、研究型大学和研究机构在地方的成果转化效率。高风险和高收益的科研项目则由美国联邦政府进行投资。同时，在共同体建设过程中，美国联邦政府将推动联邦实验室与私营企业之间的研发合作，并以租赁的形式将美国联邦政府拥有的土地、厂房和仪器设备提供给私营企业，以促进其创新。此外，美国联邦政府计划在全国范围内建立综合性科研数据库，将数据挖掘引入创新行为（成功率）的预测中。目前，美国科技园区科研成果的发展动态分析已经应用这一方法。大数据在美国创新体系的应用将进一步提高其创新资源的利用效率。

### 2. 加大美国联邦政府对区域创新集群的政策扶持

美国联邦政府计划在美国创新共同体建设过程中发挥引导作用，加大对区域创新的支持力度，其主要着力点是创新和投资环境的改善。

首先，提升创新共同体对创新企业的吸引力。由于目前创新要素是在全球范围内流动，国家间创新资源的竞争非常激烈，美国联邦政府亟须利用灵活的政策、互惠的机制将创新人才、创新企业吸引和保留在美国境内。为了防止研究成果所产生的知识产权外流，美国大学科技园区协会建议采用更灵活的方式来处理知识产权标准。在为创新企业提供研发税费优惠的同时，进一步放松针对创新企业税收减免条件中过于苛刻的知识产权标准。其次，吸引国际资本在创新共同体内进行投资。通过实施新的《国际投资与国家安全法案》（Foreign Investment and National Security Act，FINSA），改进国外交易审核流程，美国联邦政府吸引了大量国际投资者在美国进行“绿地投资”，以享受免税优惠，为国际资本进入创新共同体内部研发带来了巨大的便利。美国联邦政府于 2011 年 6 月提出“选择美国”计划，并通过对外营销、投资决策、信息服务和咨询支持等多方面的服务吸引国际资本进入美国。同时，以“软着陆”政策在创新共同体内聚集大量国际高端科研人员。美国联邦政府尊重国际化人才发挥自身才能的时间周期和弹性，为其在翻译及语言培训、签证协助和专利协助等方面提供服务，以加强美国在国际人才资源竞争中的吸引力。

## 四、北卡罗来纳州三角研究园

北卡罗来纳州三角研究园（简称北卡三角园）成立于 1951 年，是美国最早、规模最大的研发产业园，位于美国北卡罗来纳州的首府罗利（Raleigh）、达勒姆（Durham）和教堂山（Chapel Hill）3 个主要城市之间。北卡三角园分别距离北卡罗来纳州立大学、杜克大学和北卡罗来纳大学教堂山分校 3 所知名大学不足 30 公里，处于 3 所大学地理位置连线所构成的三角区域内，故因此得名“三角研究园”。至 2013 年 1 月，园区占地面积约为 28 平方千米，共有研究型企业 170 多家，就业人口约 3.9 万，园区主导产业为电子信息和生物医药。现在，每年世界上最重要的学术刊物发表的科研论文有 21%来自该地区。北卡三角园科学家每年获得的技术专利约占全美总量的 29%，美国最重要的科学研究项目有 24%是北卡三角园研究成功的。同时，园区聚集近百名美国国家科学院、国家医学科学院和国家工程科学院院士，博士头衔人口密度为全美第一。与硅谷和 128 公路自发形成的产业创新集群不同，北卡三角园区是在北卡罗来纳州政府主导下形成的产业集群。

北卡三角园是由北卡罗来纳州政府主导建立，由利益相关者运营管理的科技园区。20 世纪 50 年代，北卡罗来纳州是以烟草业、纺织业和家具业为主的农业地区，经济发展水平在全美排名倒数，失业率较高，人才外流严重。与此同时（20 世纪 50 年代中期），美国产业转型、高技术产业崛起的趋势已经十分明显，北卡罗来纳州政府认识到这一趋势并采取了积极的应对措施，试图通过对教育科技资源的整合和投入，推动技术产业和地区发展，振兴经济，增加就业。北卡三角园正是在这一背景下创建的。1956 年，北卡罗来纳州政府发布《北卡产业研究中心发展建议》（Aproposal for the Development of an industy industrial Research Center in North Carolina），提出：吸引全国的研究公司、机构在此落地并围绕大学开展研究和发展产业，带动北卡罗来纳州从传统的农业经济向知识经济转型。

1. 治理机制

北卡三角园在设立之初就明确了要由独立的与 3 所大学（北卡罗来纳

大学教堂山分校、杜克大学和北卡罗来纳州立大学）联合的法人进行运营管理。1959 年正式成立科研三角基金会（北卡罗来纳州政府不直接投资），前期运营资金来自社会募集（142.5 万美元）。科研三角基金会是非营利机构，由政府、学校、企业等各方代表 11 人组成理事会。

基金会负责管理和指导北卡三角园的建设和规划，对园区内各单位的内部事务无权干预。具体地，基金会向各企业出租或销售园内的土地，并且负责向区内的企业征税（园区企业不需向北卡罗来纳州政府纳税），再将这些收入用于投资或完善科技园的各项设施；在招商引资方面，基金会主要通过专业定向的信息发布或园内企业的关联，吸引更多的企业；基金会还通过与国外大学、研究机构、科技园区合作开展项目，来扩大园区的知名度。基金会对园区的管理注重高效，新企业的注册过程非常简单，2～3 天即可完成。

北卡罗来纳州政府的作用主要体现在与企业、大学协作并创新政策、整体规划与顶层设计、配置资源等，并不干涉企业和大学的具体事务与实际运作。在园区运营过程中，北卡罗来纳州政府一直致力于推动建立各种跨大学、跨企业的研究机构，以促进科研和产业转化。在北卡罗来纳州政府的资助下，园区 1958 年建立三角研究院，1963 年北卡罗来纳州政府拨款建立科学与技术研究中心，1980 年投资建立北卡微电子中心，1981 年建立北卡生物技术中心以及三角大学计算机中心、三角大学高级研究中心等。这些研究机构逐渐成为校企协同创新的平台，引导了园区主导产业的形成与发展方向。北卡罗来纳州政府除了与州内大学共建研究机构外，还联合美国联邦政府在园区内设立科研机构，从不同层面获取政府研究经费[美国环保协会、美国环境卫生研究所（National Institute of Qnvironmental Health Science）等科研机构获得的联邦科研经费数额巨大，各个大学和其他研究机构也通过各种渠道获取联邦和地方的经费]。

2. 产学研紧密合作

通过政府与大学合作设立研发机构吸引相关企业入驻园区，并积极促成企业与研究机构进行紧密合作，使北卡三角园内研究型大学与政府和多个企业建立联结并与几乎所有的产业集群都有相互作用关系。这些相互作用和联结形成一个高密度的关系网络。在园区内，近 90%的企业表示与北卡三角园大学建立正式或非正式的关系，超过 90%的园区企业重视从北卡三角园大学的毕业生中挑选员工，超过 70%的企业重视员工的培训；其他的校企合作形式，包括文化、社会方面的合作以及咨询服务等。相应地，北卡三角园大学也像企业一样，很重视与北卡三角园内企业的关系。超过 85%的大学校长把北卡三角园内的企业看作毕业生就业机会的重要来源，接近 70%的大学校长认为北卡三角园的企业是学生实习和教师专业培训的重要场所。同时，近一半的大学校长把北卡三角园内企业看作学校访问学者、支持资金和科研经费的重要来源。由于大学、研究机构和企业之间的紧密合作，大学会根据市场的实际需求进行科研攻关，科研成果迅速移交给专门的研发机构进行开发，开发出的新技术很快移植到企业转变成高科技产品。这一模式提高了科研成果的转化速度、技术开发周期缩短，带来了较好的经济效益，从而又会促进对科研的投入。

3. 对区域经济的带动作用

北卡三角园虽然采用的是集中布局单一园区的模式，但与周边 3 个城市地区形成了互补关系，并对该地区乃至更大地区形成了一定的发展带动效应。北卡三角园通过严格控制入驻机构和企业的类型，形成了整体统一的研究、生产功能，而相应的生活配套项目和功能就要依靠周边的城镇地区来实现。因此，其所在的城镇地区也被称为“三角都市区”或“三角研究地区”。该地区除主要的 3 个城市外，还包含了其所在的相互接壤的 5 个县，虽然在行政上各自独立，但作为美国经济体系里的“统计数据区”，是典型的美国“大都市区”的形态。因此，北卡三角园带动了该都市区的相关产业发展，间接促进了地区就业和收入的提升。在园区周边 4 英里[①]范围内，已有和在建的办公、商业、零售和产业配套项目合计约占地 15 000 英亩[②]、建筑面积达 1300 万平方英尺[③]，快速便捷的交通将园区和一批重大的零售和娱乐地区联系起来。

此外，北卡三角园带动了区域内新兴产业的整体发展。由于北卡三角园园区的规模仍然十分有限，与园区内企业相关的配套产业选择在园区的外围发展新的产业园区，它们为园区内的用户提供服务和制造设备，还有选择在临近的其他县或城镇郊区建设产业园区或单独的项目。据统计，北卡三角园园区建设之前，周边 3 个县[桔子县（Orange）、韦克县（Wake）、大勒姆县（Durham）]仅有不超过 15%的商业属于新兴产业，如化学、电子、通信、商业服务、教育服务、工程和管理服务等；到 1966 年，这类产业占比则达到 30%；2005 年，新兴产业占比则达到 51%。

## 第二节　北欧创新组织

北欧合作区包括瑞典、丹麦、挪威、芬兰和冰岛，以及格陵兰岛自治区、法罗群岛（Faroe Islands）和奥兰群岛（Aland Island），涵盖 2600 万居民，是世界上最有竞争力的区域之一。

北欧创新组织由北欧部长会议（Nordic Council of Ministers）出资并隶属于北欧部长会议，是推进北欧地区商业、能源和区域政策的重要平台，也是执行北欧贸易、产业发展和创新合作计划的核心组织。北欧创新组织最初成立于 1973 年 8 月，前身是位于斯德哥尔摩的北欧产业基金（The

① 1 英里≈1609.34 米。
② 1 英亩≈4046.86 平方米。
③ 1 平方英尺≈0.09 平方米。

Nordic Industrial Fund），旨在促进北欧合作区技术和产业发展。1986 年，该组织迁至奥斯陆（Oslo），2004 年与北欧测试合作组织合并成立北欧创新中心。2011 年更名为北欧创新组织。

## 一、愿景与理念

北欧创新组织旨在推动北欧合作区成为全球领先的创新与可持续发展区域。北欧创新组织的使命是：推动跨边界合作实现价值增值。北欧创新组织的创立旨在提升北欧合作区的商业竞争力与创新力，在贸易和创新领域为领先的北欧公共机构与私人机构之间创建合作与伙伴关系。具体来说，北欧创新组织的 3 个核心任务是激励创新、构建合作关系、化解障碍。其核心价值观是促进合作、积极主动、发挥专长。北欧创新组织具备专业、透明、国际视野和北欧视角兼具等多种特点。北欧创新组织发起和资助的活动重点围绕推进中小企业创新与合作。

北欧创新组织将创新定义为能够产生财务收益或社会价值的新产品、新服务、新市场、新工艺或新的组织模式等。创新发生于企业，在所有的产业中起着至关重要的作用，需要公共部门提供服务。因此创新有多种方法、多种资源和多种类型。北欧创新组织认为跨边界组织合作将会比各国家独立运行产生更多的价值增值。跨边界贸易的推进，需要通过各种手段增加北欧合作区的商品、服务和资金贸易，还要推动产生更多的新创企业和市场机会。为了使北欧合作区成为有吸引力的投资区域，北欧创新组织还制定了共同的规则和标准。

## 二、工作方式

北欧创新组织是北欧部长会议用来推动北欧合作区创新与知识密集型产业发展的主要工具。北欧创新组织对北欧合作区创新活动的组织和协调主要体现在发布基金、项目和研究报告三个方面。北欧创新组织当前正在进行的项目组合大约有 120 个，一些是以项目形式出现的，一些是以网络形式出现的。

北欧创新组织会针对区域发展的主导产业和当前面临的主要问题设立相关的基金，如北欧创新组织持续支持的北欧海事创新计划（Nordic Marine Innovation Programme）以及 2016 年发布的北欧绿色增长研究与创新计划（The Nordic Green Growth Research and Innovation Programme）等。除此之外，针对区域发展中的热点问题，为了吸引民众对相关问题的关注，北欧创新组织还会不定期举办相关的挑战赛，以此来吸引区域内的多方创新力量，合作应对重大区域问题。例如，2016 年北欧创新组织先后举办了北欧独立生活挑战赛（The Nordic Independent Living Challenge）、北欧城市建设挑战赛（The Nordic Built Cities Challenge）。

北欧创新组织对区域内合作创新的系统性支持更多体现在北欧创新与商业政策合作计划（Nordic Cooperation Programme for Innovation and Business Policy）。这个计划针对北欧合作区未来共同面对的发展挑战，在 2014～2017 年，聚焦于创业与投资（entrepreneurship and funding）、绿色增长（green growth）、新福利解决方案（new welfare solution）和文化与创意产业增长（culture and creativity for growth）四个优先领域,并相应发布了五个针对性的灯塔项目（lighthouse projects）——创新北欧福利解决方案（innovative Nordic welfare solutions）（挪威和瑞典负责）、北欧建设城市（Nordic built city）（丹麦负责）、创新北欧数字解决方案（innovative Nordic digital solutions）（丹麦负责）、北欧创业与金融合作（Nordic partnership for entrepreneurship and finance）（冰岛负责）、北欧文化与创意产业发展合作（Nordic partnership for expansion of cultural and creative industries）（芬兰负责）。除了这五个项目，在北欧创新与商业政策合作框架下，还开展了其他一些项目和活动，包括北欧矿产——一个专家网络，其目标是强化北欧合作区采矿业的竞争力，凸显北欧合作区乃至欧洲地区绿色增长的重要性。

在灯塔项目中北欧建设城市的基础上，为了强化北欧品牌，打造北欧合作区与关键国际伙伴的网络，推进北欧合作区产品和服务出口，北欧创新组织与北欧部长会议联合发布了北欧可持续城市（Nordic sustainable cities）项目。2017 年该项目以“推进北欧可持续、智慧与宜居城市”为主题面向北欧合作区区域外相关者发布了资助计划，总预算为 1500 万挪威克朗（折合人民币 1247 万元）。北欧创新组织将北美、中国和印度作为与北欧合作区合作最有潜力的市场，并优先资助针对这些市场的或具有全球触角的活动和项目。第一轮共资助了六个申请项目，其中的一个项目是在挪威斯塔万格市（Stavanger City）召开中国版的北约先锋博览会会议，旨在搭建中国与北欧合作区在智慧城市研究和建设的桥梁。

北欧合作区内部市场较小，产业发展以外向型经济为主。北欧创新组织重视帮助企业开拓国际市场。2013 年北欧创新组织发起了 10 个高增长倡议项目，旨在推动北欧协同增长并提升新设创新机构融入北欧合作区和国际市场的能力。这 10 个项目分别是：①生命加速器（accelerace life），为生命科学领域的中小企业进入国际市场提供跨国界的高增长加速器服务。该项目通过强化北欧合作区优秀的孵化器和加速器之间的紧密协同，将北欧合作区已有的成功经验转化到国际市场。在项目基础上打造了生命科学领域的联合平台——生命加速器实验室（accelerace life labs）。②北欧清洁技术创新集群（Nordic cleantech innovation cluster），为北欧合作区清洁技术领域初创企业克服本国小市场障碍，搭建跨越北欧合作区边界的创新集群网络，获得更多的早期试验客户以吸引更多投资者，强化了企业的能力与国际竞争力。③北欧商业天使投资网络，针对初创企业扩张期资金不足的问题为初创企业和投资者搭建市场与网络平台。④北欧初创企业经理人（Nordic startup managers），针对初创企业未来发展中对高技能商业领袖人才的需求，将丹麦成功的匹配经验推广至整个北欧合作区，为新创企业寻找合适的商业导师与经理人。⑤北欧清洁技术加速器（Nordic cleantech accelerator），为弥补私人资本在清洁技术领域的不足，设计、建立推动北欧清洁技术公司增长与国际化。⑥北欧众筹联盟（Nordic crowdfunding alliance），帮助初创企业应对早期发展中的资金不足问题，建立众筹平台与机制。⑦北欧风险绩效指数 2014（Nordic venture performance index 2014），为吸引国外投资基金和提升北欧合作区投资吸引力而设立的统计北欧合作区风险投资市场绩效的数据指数。⑧硅谷北欧创新屋（Nordic innovation house in Silicon Valley），为在美国的北欧初创企业开创国际市场提供场地和商业关系上的帮助。⑨北欧一体（Nordic One），针对企业发展早期资金缺乏以及创始人创业经验少的问题而设立的企业创始人基金和北欧信息与通信技术（Information and Communication Technology，ICT）产业孵化器联盟。⑩北欧启航（Start Nordic），为应对快速增长的初创企业缺乏继续加速增长和实现全球潜力的能力以及相关支持项目的不足而设立的推动企业与全球领先的四个初创企业枢纽城市（旧金山、波士顿、伦敦和柏林）建立连接而搭建的合作平台。

2015 年北欧创新组织发布了北欧文化与商业住宅项目（the Nordic cultural and commercial houses project）。该项目通过在关键新兴市场建设多功能的代表北欧思想、产业和价值观的标志性建筑，旨在持续打造北欧品牌，展示北欧合作区在清洁技术、城市规划与设计等方面的优势，打通企业在北欧合作区及东道国的外交、商业和文化通道，增加北欧合作区与新兴市场的联系，支持北欧合作区企业在新兴市场的开拓，实现北欧合作区内部的协同。2015 年北欧创新组织在阿布扎比酋长国马斯达市推动设立了北欧创新孵化器。一方面，为北欧清洁技术公司在阿联酋及海湾地区开拓市场提供软着陆区，另一方面，通过将北欧合作区与马斯达市的品牌价值结合，为已在阿联酋地区开展商业活动的企业提供更有吸引力的平台。北欧创新组织还主导开发了新兴市场伙伴工具（growth market partner tool）软件，为北欧合作区中小企业在新兴市场寻找合作伙伴提供帮助。此外，北欧创新组织还不定期发布各类研究报告，分析介绍北欧合作区产业与创新活动的运行情况。

### 三、运行机制

北欧创新组织发布的基金和项目强调多元参与力量。例如，2016 年发布的北欧绿色增长研究与创新计划等在参与组织方面，明确提出可以是大学研究机构或其他开展研究工作的组织、私有或公有企业、公共产业组织、民间社会组织（包括非政府组织）以及城市或者其他尺度的区域。根据项目申请人的不同特点，同一个项目设计了分别由研究机构和商业企业主导的两个模块，对不同模块设计不同的评审标准和流程。同时从北欧创新组织发布的大量项目计划内容上也可以看到，对企业，尤其是中小企业及初创企业的创新支持占据了重要的位置（基金中分给企业的份额）。

北欧创新组织大力推动跨国界合作与协同。北欧创新组织的项目要求参与团体中必须至少有 3 个来自北欧的不同国家，实际上大部分项目的参与团体中都有 4 个来自北欧的不同国家。项目还要求主持单位必须也来自北欧合作区。

北欧创新组织每年预算约为7500万挪威克朗(折合人民币6215万元)。董事会每年从 5 个北欧的国家选择产生。董事会主席采取轮值机制。董事会议一年举行 4 次，来自北欧部长会议和北欧创新组织的代表一起参加该会议。共有来自北欧合作区各经济领域的 24 名工作人员在北欧创新组织工作。

## 第三节　英国知识转移网络

英国知识转移网络是英国创新署（Innovate UK）主导建立的以研发合作、知识转移和商业开发来激励创新和提升英国创新绩效的区域创新共同体。

## 一、目标

英国在生物遗传、文化创意、互联网以及用户体验设计等诸多领域都处于世界领先地位，拥有世界一流的创新性和创造力。英国知识转移网络意在强化英国在这些领域的优势，在培育、开发、扩大商业领域的创新，与知识经济世界建立创新联系方面发挥主要作用。英国知识转移网络的目标不只是为了创造价值，而是为了获取价值。具体来说，英国知识转移网络有四个明确的目标：①推动增加英国由商业主导的研发；②促进对研发的利用以期从创新中获取更多价值；③促进商业合作（B2B）以及商业与研究合作（B2R）；④使其成为创新企业的“首选组织”。

英国创新署将英国知识转移网络的功能确定为推进多方参与、知识分享和发挥网络作用，并将形成的网络作为商业和学术合作战略的核心要素。英国知识转移网络聚焦于将“一般不会相遇的组织聚集在一起”，尤其关注跨领域的创新合作：推动形成英国知识转移网络共同体内更多的交叉合作与协同，包括跨越英国知识转移网络内多个共同体边界的网络——不同领域的共同体聚在一起，创新思想相互碰撞而产生火花；推动形成更灵活的新共同体及跨界活动以支持英国创新署的发展和政府战略目标的实现；推动创新署在网络活动和商业支持项目之间建立更紧密、更具战略和战术意义的联盟。

英国知识转移网络具有卓越的灵活性，常常挑战日常思维方式，推进不同领域的资源合作与交流。由于宽广的视角和卓越的集成能力，英国知识转移网络取得了非常不俗的成绩。在 2016 年进行的一项商业调查中，2000 多名受访者中，1/5 的受访者表示英国知识转移网络曾帮助他们进行投资，且每增加一笔投资，投资乘数为 12.50；有超过 30%的受访者表示，英国知识转移网络曾提供了有价值的推介，英国知识转移网络组织的活动对 70%的参与者提供了实际的帮助。

## 二、工作方式

英国知识转移网络认为，活跃的网络为产品创新提供了高效率、有成效的方式。英国知识转移网络将研究人员与公司以及公司与其他公司联系起来，致力于人们将其创意转变成实实在在的商业现实，成为帮助人们找到满足商业和社会需求的商业解决方案的首选组织。总体来说，英国知识转移网络通过如下手段实现了价值增值，推动所构建的共同体的福利与绩效的提升：①支持商业界与研究界以及跨产业的成员分享知识和经验，通过促进创新和新的合作来提升商业绩效；②通过提供高质量、方便好用的服务来驱动技术市场的供给方与需求方进行知识分享与转移；③为英国商业界提供与本国或国际上的个人和组织见面并建立关系的机会；④建立能够一致发声的商业论坛，告知技术战略委员会技术需求与主题，如规则等，明确英国创新的方向。

在推动创新合作与知识共享方面，英国知识转移网络的主要做法有：基于专业或应用领域促进形成共享与合作网络，发布提供关于产业发展与学术进展的信息，区域、国家和国际层面的资助计划信息，协助建立研发合作，举办各类活动、会议和在线研讨会、电邮时事通信（关于英国创新署将发布的基金征集），协助英国创新署收集反馈等。

英国知识转移网络对创新合作和知识转移的支持首先体现在基金支持上。英国知识转移网络设立的基金大量围绕着跨产业与跨部门合作。2016 年 4 月英国知识转移网络发布的“Energy Game Changer”（能源竞赛变革者）基金投入 150 万英镑支持非能源行业的企业对进入能源行业并应用突破性能源技术开展可行性研究。为了鼓励产生更多新颖的根本性解决方案，基金要求申请的项目必须由非能源行业的中小企业主导。2016 年 4 月英国知识转移网络发布的“Knowledge Transfer Partnerships”（知识转移伙伴）基金计划旨在帮助企业创新与成长。基金将企业与大学和人才通过一个特定的项目联系起来。每个项目都是企业、科研机构与该机构毕业生三者之间的合作。科研机构可以聘请新毕业的合格学生在企业工作，该学生作为“联系人”，将新的技能和知识带到企业中。

英国知识转移网络与各类网络和机构建立了广泛的合作、联系。英国知识转移网络与欧洲企业网络（enterprise Europe network）保持着密切联系，与威尔士创新节（Wales festival of innovation）共同合作，并支持风投节（Venturefest）各项拓展活动。英国知识转移网络还通过与来自公共和私营部门[包括英国环境、食品及农村事务部（Defra），英国运输部（The Department for Transport），各类研究委员会和牛顿基金项目（The Newton Fund）等多样化的组织]合作，改进和提升组织的创新支撑活动。另外，英国知识转移网络重视与大型英国企业的联系，包括葛兰素史克公司、捷豹路虎汽车有限公司等，将这些公司与不同行业的技术、商业联系起来。

英国知识转移网络与企业合作，通过创新实现经济增长。英国知识转移网络将处于价值链各环节和跨越各价值链的多个公司联系起来，将具有创新需求的企业聚集在一起，并将它们与那些有能力解决问题的公司进行匹配。对大公司来说，英国知识转移网络为它们提供了接触到开发新技术和平台的初创企业、学者和小型企业的机会，这些技术和平台有可能改变其所处的整个行业。

通过合作英国知识转移网络帮助奶牛行业创新迈上新台阶。Kingshay是一家研究咨询公司，在英国资助了2000多名奶农。Kingshay曾发现了一个市场机会：一个不太引人注目的测量和决策支持工具，可用于奶牛的身体状况监测。这种工具的应用可以降低成本，改善健康状况，提高福利和生产力。他们需要开发一种自动化的技术解决方案，但缺乏足够的自主开发这种技术的能力。英国知识转移网络和将Kingshay引入布里斯托机器人实验室（Britol Robotics Lab，BRL）的机器视觉中心，并支持Kingshay成功实现了对英国创新署的融资申请。该合作导致尖端机器视觉成像技术（常用于其他行业，如国防工业）成功用于农业创新。一旦这项技术得到充分发展，Kingshay 预计将有数百万美元的销售潜力，同时也将打开新的市场，并为经济和就业增长提供机会。正是在英国知识转移网络的帮助下，Kingshay 实现了跨部门合作，大幅提高了创新能力，并扩大了乳制品业务。

英国知识转移网络与大学合作，释放专业知识创造价值。英国知识转移网络帮助大学和研究机构释放专业知识和理念，帮助学术研究人员与市场建立联系，将他们的知识转化为具有经济、社会和环境影响的可行产品、工艺和服务。

2015 年对英国材料化学知识中心（Knowledge Center for Materials Chenustry，KCMC）来说，是多产的一年。KCMC 开发了新材料，以满足制造业的未来需求。自 2014 年成为知识转移网络的一部分，KCMC 开始扩展其能力，以应对能力短板并打开材料设计和开发创新的新领域。2015 年以来，KCMC 投资了包括利物浦大学的材料创新工厂、科学技术设施委员会哈特里中心（Hartree Centre）的高性能计算能力扩展，以及 2016 年宣布的由曼彻斯特大学领导的亨利·罗伊斯中心（Henry Royce Centre）的高级材料研究。2016 年布里斯托大学（University of Bristol）加入了英国知识转移网络的队伍，扩展了英国知识转移网络覆盖的领域与地域范围。2016 年，KCMC 完成了重要的新产业项目合作，包括燃料电池、先进涂料和新型化学加工等。高性能计算模型技术应用产业项目投资的增长速度非常惊人，反映了原子级“自下而上”材料设计的全行业趋势。KCMC 将继续协助开发并为学术界和产业界携手推进高生产力和基于知识的英国经济增长提供了必要的环境。

英国知识转移网络与投资者和公共资助私人机构进行合作。通过与私人投资者和公共融资机构的合作，英国知识转移网络在构建企业能力和帮助它们做好投资准备方面发挥了关键作用。其中的一个重要作用是与投资者合作，帮助他们识别、接触和理解具有增长潜力的业务。

2015 年，英国知识转移网络支持风投节创新计划的各种扩张活动，通过苏格兰、英格兰和威尔士的九项活动扩大自身影响力。7000 多名创新者、企业家和投资者参与了每项活动。这些活动涵盖了 15 个不同的技术领域，激发了新的联系和进一步的投资，帮助中小企业扩大业务规模。参与曼彻斯特风投节的 4 个中小企业在活动后获得了近 100 万美元的额外投资。风投节 2015“下一代”（Next Generation）竞赛的获胜者的商业理念也不断得到强化。

基于与国家联络点和欧洲企业网络的合作，英国知识转移网络为英国企业与欧洲项目的合作提供了支持。例如，英国知识转移网络宣传了欧盟的原材料战略，推动了英国企业对欧洲的融资要求，促成英国企业获得了 260 万欧元，同时英国组织获得了 900 万欧元可用资金中 46%的份额支持。

英国知识转移网络与利益相关者合作以影响战略并实现经济增长。与企业、企业家和研究委员会密切合作意味着英国知识转移网络能够给政府和政策制定者提供持续的、独立的见解和信息。这直接影响了战略和投资项目的发布，并对英国的长期竞争力产生了更大的影响。

2016 年 2 月，药品制造业伙伴关系（Medianes Manufacturing Industry Partnership，MMIP）建立了一个政府产业联合工作组，旨在吸引更多的商业制造者参与先进疗法相关药品在英国的生产和制造，如细胞和基因疗法以及组织工程产品。先进疗法提供下一代治疗方案，帮助改善严重疾病患者的健康和生活质量。特别工作组的目标是让英国在开发、制造和使用这些药物方面成为全球领导者。英国知识转移网络承担了该特别工作组秘书处的工作，组织协调各类活动、研讨会和利益相关方的参与，并提供深度的专业知识。英国知识转移网络利用其先进的技术知识和网络来支持特别工作组的行动。

牛顿基金项目（The Newton Fund，简称牛顿基金）是一个备受瞩目的由部长领导，由英国商务、创新和技能部管理的项目，旨在加强英国与15个新兴知识经济体之间的研究和创新伙伴关系。该基金是英国官方发展援助（ODA）的一部分。英国知识转移网络协助英国创新署通过安排各类活动进行牛顿基金的宣讲工作，组织和管理海外、国内事务（包括英国的参与者身份识别和选拔程序），与合作伙伴国家确定访问计划，并提供英国相关信息，举办各类宣传推广活动。2016年1月，英国知识转移网络参加了牛顿基金“研究与桥梁”中国之旅，英国医疗和城市化组织代表团与江苏和广东的潜在合作伙伴进行了会面。

英国知识转移网络还与英国创新署其他机构合作简化英国企业和组织获得创新支持的流程。英国知识转移网络与工艺创新中心（centre for process innovation，CPI）密切合作，开展活动，以推动研究成果转化为可行的技术和产品。由于具有专业的知识和网络，英国知识转移网络成为CPI重要的合作伙伴，从而确保英国在CPI投资价值的最大化。英国知识转移网络与英国创新署密切合作，开发了一个社区和知识体系，发现一个将复合半导体应用于弹射器的方案具有战略和经济效益。这直接促成了2016年1月7日由当时的英国财政大臣乔治·奥斯本（George Osborne）宣布的对弹射器的投资。英国知识转移网络与英国创新署所属其他机构和组织合作，如英国科学创新网络、外交和联邦事务部、英国国家医疗服务体系（NHS）欧洲办公室、学术健康科学网络，向企业推广宣讲欧盟创新领域广泛的机会。企业对这些机会的兴趣越来越大。

## 三、运行机制

英国知识转移网络的成员来自英国商业界、大学和研究界、技术专家、政策制定者、金融家以及公立机构人员等。英国知识转移网络将这些大企业与小企业、政府机构与研究组织、技术专家与新创企业、公立基金组织与风险投资和私人投资者集合在一起，打造了一个独特的知识转移网络，以帮助公司和企业实现创新潜能。

基于2015年综合支出评估结果，英国知识转移网络对组织进行了调整和精简，促进跨部门协同合作，将资源投入创新过程的发展，以便能够更好地与创新需求相匹配。作为重组的一部分，英国知识转移网络建立了一支专门的队伍来探索和推广创新过程的最佳实践，改善工作方式，提升工作能力。2016年英国推出智能化枢纽（smart specialization hub）项目，旨在规划英国的各类专业化中心，为研究和创新提供有针对性的支持。作为该项目的牵头者，为了更好地了解各区域创新能力，在大学和商业中心的帮助下，英国知识转移网络正在着手建立相关的资料库。

目前，英国知识转移网络有近200位从事知识转移的职员，管理着由18个涉及关键应用领域和重要科技产业共同体构成的核心网络，包括农业食品、生物技术、环境建设、化学、数字与创意、设计、国防与安全、电子传感器与光学、能源、创新、健康、信息通信技术、工业数学、空间、制造、材料、可持续与循环经济以及交通。英国知识转移网络的员工大多是具有丰富的专业知识和深刻洞察力的行业专家。这种人员构成有助于开发英国知识转移网络内各类公司和各种理念中所隐含的巨大价值。而这往往是绝佳的想法转变成现实中的解决方案所缺的最关键的一步。英国知识转移网络的员工马克·马修特（Mark Matchett）撰写过一篇博文《复合燃料技术在重型运输中的前景和阻碍》，该文被主营复合燃料技术的G-Volution公司盛赞，称它直接引领其在技术开发项目中取得重大突破。

为了促进科学、创意与商业间更好地建立联系，英国知识转移网络还建立了由知识转移专业人士构成的专家小组。英国知识转移网络的专家团队跨越关键经济部门开展工作，从国防、航空航天到创意产业，从农产品到材料、机器人。2015年10月，英国知识转移网络的空间和农业食品小组在伦敦举办了农业食品卫星合作活动。这是一个非常成功的社交活动，将两个通常不会见面的群体聚集在一起。来自两个领域的180人参加了这次活动。基于这次活动建立了一些合作，其中包括一项名为“大规模牲畜系统定位跟踪”的项目，该项目由蹄印技术公司（Hoofprints Ltd）与苏格兰农业学院（Scotland’s Rural College，SRUC）合作完成，已获得15.8万美元的资助。

英国知识转移网络有由60 000个创新成员所构成的在线社区平台，每年有超过6000多项委托。作为由若干特定技术领域和商业应用领域网络构成的网络组合，英国知识转移网络打造并形成了一个“网络的网络”（network of networks）。

## 第四节　本章小结

综上所述，全球各类创新共同体种类繁多，设立的出发点和目标不尽相同，运营模式和机制迥异。总结典型创新共同体的实践可以发现，其没有绝对正确的模式，只有更符合发展趋势和建设目标的创新组织与机制设计。总体来说，全球的创新共同体实践为我国推进创新共同体建设提供了如下经验可供借鉴。

### 1. 创新共同体有专门的机构负责设计和运营

创新共同体不是概念，是承担着明确的现实功能，通过制度设计、管理运行支撑区域创新共同体目标实现和区域经济发展的实体。因此，创新共同体需要有掌控一定资源并具有明确战略规划和运营规则的机构来进行管理，以系统、动态分解和落实创新共同体目标，推进创新共同体发展。

创新共同体的管理机构要有较高的行政管理层级。区域内部并非均质，涉及制度、文化、社会等多方环境问题，往往还伴随着发展水平、产业结构和创新能力的差异，创新共同体建设难度大。因此，需要有一定行政高度并掌握一定资源的机构来进行管理和协调。美国创新共同体是站在国家的高度上来认识并推进创新共同体建设的。英国知识转移网络直接隶属于英国创新署，从国家层面调动资源。北欧合作区也是在北欧部长会议的基础上设立了高于国家层面的协调机构——北欧创新组织。只有充分保证创新共同体管理机构的行政权威和调动资源的力量，才能形成对创新共同体目标最有力的推进。

创新共同体的管理机构有明确而独立的功能。作为创新共同体的推进和管理机构，创新共同体管理机构有独立的功能，并通过一系列计划、组织、协调、管理和服务活动，分解落实创新共同体的目标、战略与规划，承担创新共同体建设的具体运营事务，召集创新共同体成员开展相关活动，从而实现对创新共同体的各种设想。

创新共同体的管理机构要有清晰的组织和运营模式设计。从促进区域内部行政力量的对接和融合，到以各种形式激励企业之间的创新合作，都需要创新共同体的管理机构建立清晰、明确的运营模式和机制。一方面，要做好创新共同体管理机构内部的运营模式与流程设计，保证内部运营的高效与顺畅；另一方面，在推进创新共同体建设的过程中，会有与各级行政机构的交叉和合作，需要设计好相应的衔接机制。通过模式和机制设计确保区域创新共同体的管理机构作用的充分发挥。

### 2. 创新共同体既重视“存量管理”，更重视“增量管理”

要实现创新共同体的目标，既要重视现有创新资源的匹配与组合，更要重视对创新要素和资源的投入增加。无论是推崇残酷竞争模式（Cutthroat Capitalism）的美国还是推崇温情拥抱模式（Cuddly Capitalism）的北欧[3]，创新共同体建设都得到了政府的高度重视和大笔的资金支持。成功的创新共同体能同时做好存量和增量管理，并将存量管理与增量管理有机结合，以存量管理为基础，以增量管理为带动，推动各类创新主体协同合作，相互促进。

通过搭建各类协同创新平台、组织各类活动、运用相关的政策措施和政策工具设计促进创新共同体内各类信息、技术、人才、资金等创新要素的充分流动和高效共享，是创新共同体建设非常有效的存量管理手段。例如，英国知识转移网络围绕技术领域和应用领域形成了多个行业的创新共同体，这些共同体通过发布关于产业发展与学术进展的信息以及资助计划信息，协助建立研发合作，举办各类活动、会议和在线研讨会等方式，促进成员之间的交流与合作，提升各类创新资源的匹配度与利用效率，从而为共同体成员的创新合作创造最适合的基础和条件。

加大对创新要素的投入，以各种政策工具与政策手段积极引导、资助、激励和推动各类创新主体的协同与合作活动，是创新共同体更具力度和成效的增量管理方式。无论是在欧洲还是在美国，增量管理都正在成为建设区域创新共同体更主流的方式和手段。北欧创新组织投入大量的资金，通过基金、项目等形式，激励北欧合作区在重点战略领域直接合作。英国知识转移网络也积极重视各类基金支持。甚至最崇尚自由竞争的美国也拨出专门资金用于创新共同体建设及相关活动。重视并做好增量管理正在成为创新共同体建设的关键核心手段。

### 3. 创新共同体要围绕创新共同体目标进行全面规划与管理

创新共同体要应对的问题涉及方方面面，有创新资源不足问题、资源与主体的匹配问题、创新环境问题等。要解决这些问题，创新共同体必须拿出全面而系统的解决方案，进行全面的规划和管理。“全面”的核心是从应对的问题和区域发展的需要出发，通过对各类创新成员和创新资源的全面调动、各主体创新合作潜力的全面激发和各类政策、管理工具的全面运用，着眼于更精准地发挥相关政策措施的作用，以政策措施、手段、针对人群的系统性有机组合实现创新效率和效果的双重提升。具体来说，体现在以下三个方面。

（1）创新共同体既要贯通创新链衔接的“经线”也要疏导资源供给的“纬线”。一方面，要打破产学研合作障碍，加速已有研究成果的快速转移与市场化，激励研发机构围绕市场需求来进行技术开发和产品设计，提升创新速度和资源使用效率。例如，英国知识转移网络围绕技术领域或应用领域搭建专业的共同体，彻底打通产学研之间的分界，形成了从研究、开发到生产再到用户的环式一体化创新共同体。另一方面，通过推进各类中介机构与企业间的了解和沟通，提升中介机构的运行和服务效率。例如，美国创新共同体明确提出要通过知识产权与实物产权的融合以及人力资本与金融资本的碰撞，在全国范围内打通各创新主体间的合作障碍。在创新共同体中，通过搭建更多的连接桥梁，推动更多创新环节参与合作，提升创新链运转的速度，提高创新主体与创新资源的匹配效率，推动优秀的研究成果、好的产品创意以最快的速度转化为产品进而推向市场。

（2）创新共同体对创新活动的鼓励，既有间接引导，也有直接支持。创新共同体要不断创新政策手段工具，对市场活动进行有益的引导和补充，既强调对成员创新活动的引导和激励，也重视对创新系统功能性缺失的补充；既关注通过创新共同体环境建设提升网络规模，也关注成员间加强协同提升网络密度。例如，北欧创新组织除了通过基金和项目引导创新主体在区域未来重点发展方向上进行合作与创新，更加大对企业的创新支持力度，重点投资项目生命加速器、Nordic BAN、北欧初创企业经理人、北欧众筹联盟、Nordic One 等都是针对一些高成长行业的企业或中小创新企业为其提供资金、商业运作等中介服务的项目。

（3）创新共同体既立足区域发展现实，又着眼于未来科技发展趋势与方向。在创新共同体的重点推进领域方面，既有立足区域现实与优势对传统优势产业的升级和更新，也有针对未来科技发展方向的超前部署。例如，北欧创新组织针对区域发展的主导产业和当前面临的主要问题设立了北欧海事创新计划以及北欧绿色增长研究与创新计划；还有着眼于未来发展设立了五个针对性的灯塔项目。

## 参考文献

[1] Ruane J，Todd J. The Dynamics of Conflict in Northern Ireland：Power，Conflict and Emancipation[M]. Cambridge：Cambridge University Press，1999：9.

[2] Association of University Research Parks. The power of place：A national strategy for building America's communities of innovation[EB/OL]. http：//www.aurp.net/assets/documents/The_Power_of_Place.pdf [2015-9-16].

[3] Acemoglu D，Robinson J A，Verdier T. Can't we all be more like Scandinavians? Asymmetric growth and institutions in an interdependent world[R]. NBER Working Paper. No. 18441，2012.

# 第三章 京津冀创新共同体的发展现状

京津冀地区位于东北亚环渤海心脏地带，是中国北方经济规模最大、最具活力的地区。由于其重要的地理位置和经济基础，京津冀地区成为中国最具发展潜力的区域之一。2014年，习近平同志将京津冀协同发展提升至重大国家战略。京津冀协同发展已经成为与"一带一路""长江经济带"并列的国家区域经济三大战略之一，京津冀地区发展进入了战略转变的新阶段。

在京津冀协同发展国家战略以及建设京津冀城市群的背景下，以加强城市之间的创新合作与联系，推动形成京津冀创新共同体，从而带动北京、天津、河北三地建立更加紧密的经济社会联系成为落实京津冀协同发展国家战略的重要内容。《京津冀协同发展规划纲要》中明确提出，要改革引领，创新驱动，要强化创新驱动，以科技创新为核心，建立健全区域创新体系，整合区域创新资源，形成京津冀创新共同体。通过京津冀创新共同体建设推进北京、天津、河北三地协同创新既是京津冀协同发展的重要内容，也是推动京津冀协同发展的重要途径。

建设京津冀创新共同体，需要对京津冀协同创新的发展历史与现实情况有清晰的认识，准确把握京津冀协同创新的历史规律与现实问题，从而形成对京津冀创新共同体与协同发展的客观理解。要以历史的、现实的和长远的眼光深入思考和认清京津冀协同发展和创新共同体建设的内在规律与外部挑战，把建设创新共同体的理想信念和行动力建立在对发展规律的深刻认识和把握上。只有从大局着眼、小处着力，才能开创京津冀创新共同体的美好未来。

本部分基于京津冀协同创新发展的历史脉络，围绕着创新资源布局、各类参与主体特征、协调运行机制等方面，阐述当前京津冀创新共同体的发展现状与问题，从而形成对京津冀创新共同体建设基础的基本认识。

## 第一节　发展基础

北京、天津、河北地缘相接、人缘相亲，地域一体、文化一脉，历史渊源深厚。"京畿首善"、"燕赵文化"、"直隶要地"和"津门拱卫"都是对北京、天津、河北三地特定人文社会联系的历史性描述。除了天然的地理邻近优势，京津冀创新共同体也具备一定的认知、组织、社会和制度基础。这些客观的物质和文化基础推动京津冀地区呈现创新要素高度聚集、创新成果丰硕、区域创新互动蓬勃发展、体制机制不断完善的局面。京津冀地区具备了在更高起点上建设创新共同体、加快实现创新驱动和协同发展的独特优势和良好条件。

## 一、创新要素富集成果丰硕

### 1. 创新要素高度聚集

京津冀地区是我国高校、科研院所最集中的区域，汇集了高等院校 264 所、"211"院校 32 所、"一流大学"10 所、"一流学科"26 个（图 3-1）[1-4]、研发机构 513 家、国家重点实验室 115 个。央属高校和国家级研究平台的紧密聚集为京津冀地区提供了大量高水平的研发积累。

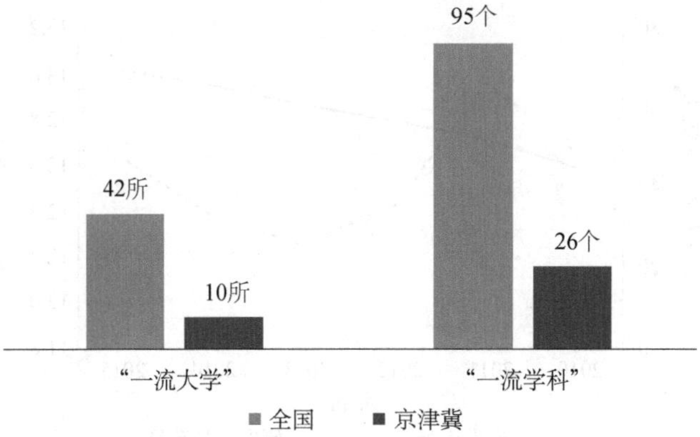


图 3-1　京津冀地区及全国"双一流"建设数量

京津冀地区科技投入高，研发资金充裕。2016 年京津冀地区研发经费内部支出达到 2405.3 亿元，占全国的 15.34%，其中北京和天津的研发经费投入强度分别达到 5.96%和 3%，是全国平均水平的 2.82 倍和 1.42 倍（图 3-2）[5]。

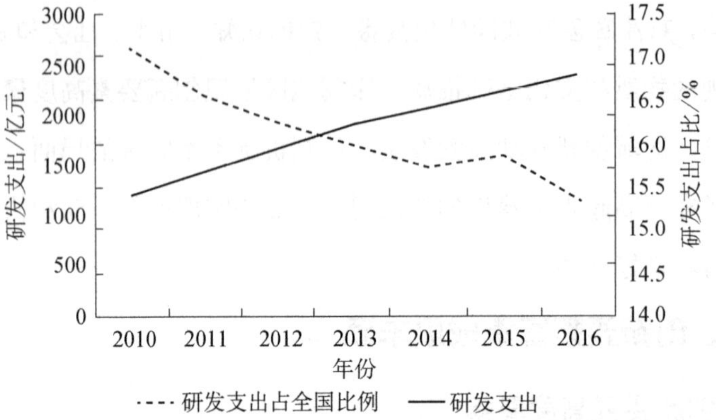


图 3-2　京津冀地区研发支出及研发支出占全国比例

京津冀地区科技人才多。2015 年列入统计的 31 个省份中研发人员超过 10 万的有 16 个，北京、天津、河北均在其中；京津冀地区共有研发人员 69.25 万人，占全国的 12.63%。2015 年，京津冀地区研发活动人员全时当量达到 47.76 万人年，占全国的 12.71%（图 3-3）[6]。

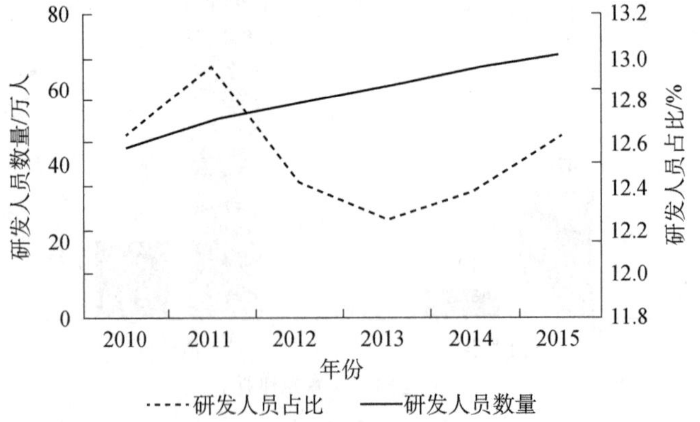


图 3-3　京津冀地区研发人员数量及占全国比例

## 2. 创新成果丰硕

京津冀地区原创性创新成果数量多、水平高。2014 年，京津冀地区全年发表 SCI 论文 52 515 篇，占全国的 22.33%。2015 年，京津冀地区国内专利申请量与授权量分别为 280 335 项和 161 503 项，占全国的 10.62%和 10.11%，其中发明专利申请量与授权量分别为 128 699 项和 43 772 项，占全国的 13.29%和 16.62%。2015 年京津冀地区技术市场成交额达到 3997 亿元，占全国的 40.64%（图 3-4 和图 3-5）。

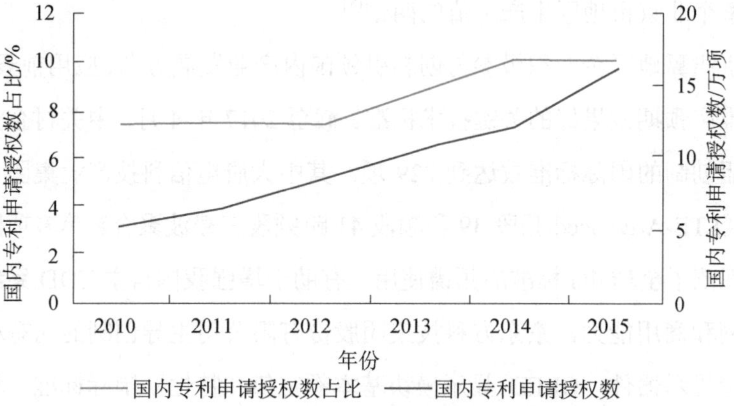


图 3-4　京津冀地区国内专利申请授权数及占全国比例

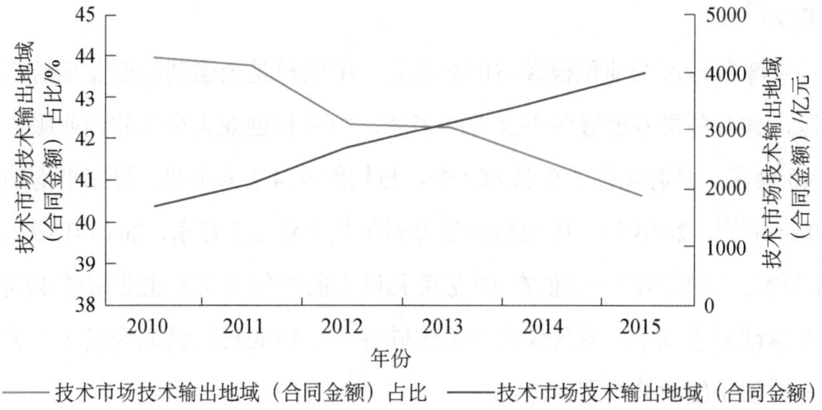


图 3-5　京津冀地区技术市场技术输出地域（合同金额）及占全国比例

京津冀地区企业创新成果产出持续增加。京津冀地区以中关村为核心培养了一批具有行业影响力和竞争力的龙头企业，形成了以联想集团、北京京东世纪贸易有限公司、北京小米科技有限责任公司、京东方科技集团股份有限公司为代表的高新技术企业集群。2015年，中关村高新技术企业实现总收入4.08万亿元，同比增长13.2%，总收入约是2010年的2.6倍[7]。截至2017年10月，中关村上市公司总数达314家。其中，境内上市公司218家，境外上市公司96家。中关村314家上市企业总市值已接近5万亿，接近整个北京市地区生产总值的两倍[8]。

京津冀地区企业积极参与创制引领国内产业发展方向、应用前景广阔、国际推广预期效果好的关键技术标准。截至2017年4月，中关村企业和产业联盟创制的国际标准数达到229项。其中大唐电信科技产业集团主导创制的《LTE-Advanced频段39和频段41跨频段三载波聚合》等多项国际标准，规范了全球4G标准的频谱使用，有助于增强我国自主TDD系统的独立组网和商用能力。京东方科技集团股份有限公司主导创制的《有机发光二极管显示器件：OLED显示模块基本额定值和特性》国际标准，填补了国际OLED标准空白，对提高我国在国际OLED标准领域的话语权具有重要意义[9]。

京津冀地区企业积极参与创新创业。中关村是全国创新创业最活跃的地区，共有各类双创服务平台200多家，中关村创业大街入驻创业服务机构40余家，已孵化创业项目600个，日均孵化4.9家企业，每家平均融资500万元[10]。2014年，中关村新创办科技型企业1.3万家，2015年增加到2.4万家。“独角兽”（估值在10亿美元以上的初创公司）企业超过40家，在全球创新区域中，数量仅次于美国硅谷[11]。中关村已经成为仅次于美国硅谷的创新创业公司聚集地。

## 二、区域创新互动蓬勃发展

京津冀地区经济的快速发展以及丰富的创新资源推动了整个区域创新要素的快速流动，也带动了区域创新合作与互动的蓬勃发展。

### 1. 创新要素流动加快

2016 年，北京市技术合同成交额达 3940.8 亿元，占全国的 34.6%，实现技术交易增加值占地区生产总值的比重从 2009 年的 8.7%，提高到 2016 年的 9.5%。北京市流向天津市、河北省技术合同 3848 项，总金额 154.7 亿元，分别比 2015 年增长 4.1%和 38.7%。其中，流向河北省技术合同 2362 项，成交额 98.7 亿元；流向天津市技术合同 1486 项，成交额 56.0 亿元。2016 年，北京市吸纳天津市技术合同 2407 项，成交额 85.9 亿元，占北京吸纳东部地区技术合同成交额的 33.0%，稳居北京吸纳东部地区技术合同成交额首位。北京市吸纳河北省技术合同 370 项，成交额 6.5 亿元[①]。

### 2. 区域创新合作频繁

从 2015 年北京、天津、河北三地高校与科研机构参与科技论文合作来看，北京市参与区内合作的论文数量达到 2039 篇，河北省 1590 篇，天津市 1193 篇。其中河北区内合作论文数量占河北总论文数量的比重达到了 13.57%，天津区内合作论文数量占天津总论文数量的比重达到了 10.08%。北京市与河北省高校和科研机构合作科技论文数量最多，达到 1277 篇，其次是北京市与天津市，达到 864 篇，最后是天津市与河北省，达到 402 篇（含天津市和河北省工业大学合作的论文数量 192 篇）（图 3-6 和图 3-7）[②]。

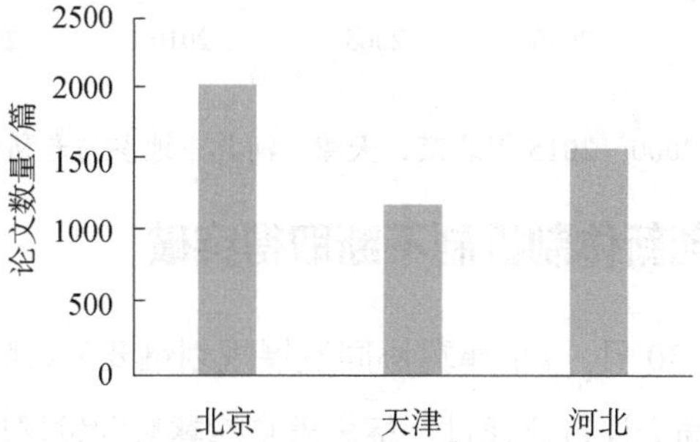


图 3-6　2015 年北京、天津、河北三地参与合作的论文数量

① 数据来源：北京市技术市场管理办公室网站。

② 数据来源：课题组统计。

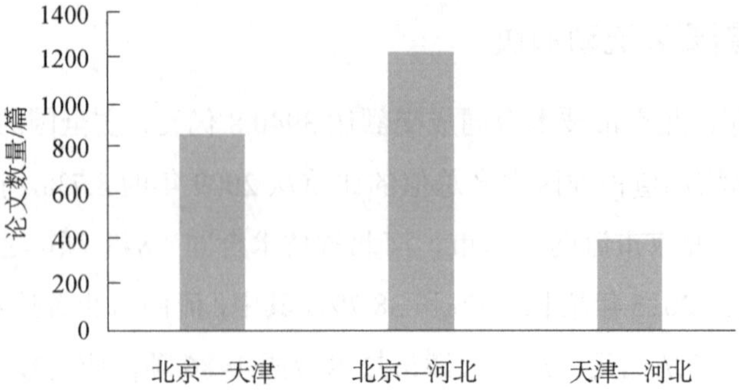


图 3-7 2015 年北京、天津、河北三地间合作论文数量

京津冀地区专利合作进展显著。课题组统计显示（图 3-8），2015 年来北京、天津、河北三地专利联合申请量有突飞猛进的增长，总量达到 4956 项，远远高于 2010 年的 388 项。北京、天津、河北三地专利联合申请集中分布在金属制品、机械和设备修理业，仪器仪表制造业，电气机械和器材制造业，专用设备制造业四大行业。

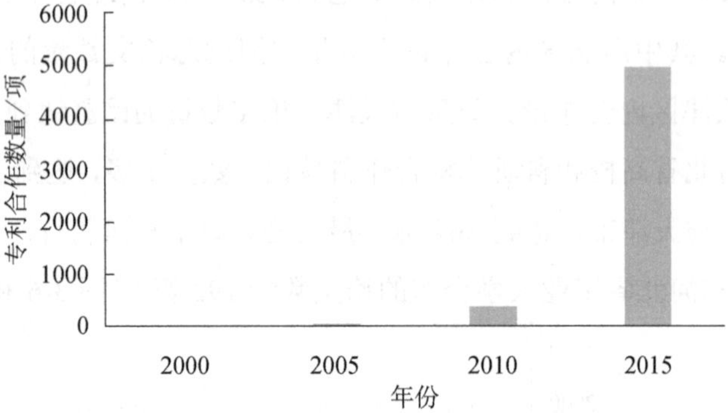


图 3-8 2000～2015 年北京、天津、河北三地参与专利合作数量

## 三、协同创新体制机制不断取得突破

2015 年 4 月 30 日，《京津冀协同发展规划纲要》（简称《规划纲要》）经中共中央政治局会议审议通过，标志着京津冀协同发展进入全面推进重点突破的关键阶段。《规划纲要》明确了京津冀协同发展的方向及发展重点，其后围绕交通、产业、生态科技等重点领域出台了一系列的规划和政策。2016

年 2 月，国家发展和改革委员会印发实施的《“十三五”时期京津冀国民经济和社会发展规划》（简称《十三五规划》）进一步明确了京津冀地区未来五年的重点任务，包括创新发展、转型升级、互联互通、绿色发展、共享发展、文化传承创新、依法行政、开放发展、深化改革等，构建了一个目标一致、层次明确、互相衔接的协同发展规划体系。在《规划纲要》《十三五规划》等文件指引下，北京、河北、天津相继出台了《北京市落实〈京津冀协同发展规划纲要〉2015 年重点项目》（京政办发〔2015〕38 号）、《中共河北省委、河北省人民政府关于贯彻落实〈京津冀协同发展规划纲要〉的实施意见》、《天津市贯彻落实〈京津冀协同发展规划纲要〉实施方案（2015—2020 年）》以及各自的“十三五”国民经济和社会发展规划纲要。北京、天津、河北三地围绕着科技管理体制机制的互动与协同，发布和实施了一系列政策措施。

2014 年 8 月，北京市科学技术委员会、天津市科学技术委员会、河北省科学技术厅联合签订《京津冀协同创新发展战略研究和基础研究合作框架协议》。这个协议确定北京、天津、河北三地将建立京津冀区域协同创新发展战略研究和基础研究长效合作机制，搭建北京、天津、河北三地共同研究战略平台，重点聚焦科技创新和产业协同发展。2015 年 9 月，北京市科学技术委员会制定发布《北京市科学技术委员会关于建设京津冀协同创新共同体的工作方案（2015—2017 年）》。围绕“三轴”①和“4+$N$”②布局，完善政策互动、资源共享、市场开放三个机制，建设创新资源、创新攻关、创新成果三个平台，实施高端产业培育、传统产业提升、生态安全和服务民生四项工程，遵循“成熟一个、推进一个”的原则，确定了第一批京津冀协同创新重点任务，推动京津冀区域协同创新发展。北京市自然科学基

① 京津、京保石、京唐秦三个产业发展带和城镇聚集轴。

② 曹妃甸协同发展示范区、北京新机场临空经济区、天津滨海新区、张承生态功能区四大战略合作功能区及 N 个专业化、特色化承接平台。

金设立京津冀基础研究合作专项，围绕南水北调对北京、天津、河北三地的影响等专题，推动北京、天津、河北三地基础研究实质性合作。优客工场、东方嘉诚、e 谷孵化器等众创空间在天津、唐山、石家庄、秦皇岛等地建立分部，将自身的平台、资金、导师等资源优势与天津、河北地区科技资源对接，促进京津冀创新创业协同发展。北京市推动成立中关村协同发展投资有限公司，筹备设立中关村创新共同体发展基金，聚焦“4+*N*”功能承接平台，与天津、河北开展合作园区共建。北京、天津、河北三地共同打造以“中关村数据研发—张家口和承德数据存储—天津数据装备制造”为主线的“京津冀大数据走廊”。北京（曹妃甸）现代产业发展试验区、中关村海淀园秦皇岛分园、京津中关村科技新城、亦庄·永清园、北京、沧州生物医药产业园、张北云计算产业基地等一批共建园扎实起步。2014 年 7 月，京津冀产权市场发展联盟成立，通过深化北京、天津、河北三地交易所的合作，破除各种制度性障碍，推动北京、天津、河北三地各类要素资源的自由流动和优化配置，逐步实现京津冀区域要素市场的一体化。2016 年 3 月，京津冀知识产权发展联盟在北京经济技术开发区正式成立，旨在推动北京、天津、河北三地协同发展，提升北京、天津、河北三地企业的知识产权管理能力。2014～2017 年，北京、天津、河北三地继续在区域共建、产业协作、交通建设、生态保护、文化创新、市场合作、人才交流、社会保障等领域深化合作，北京、天津、河北三地联系更加紧密，互动态势日益高涨。

## 第二节　存在问题

当前，京津冀协同创新仍面临着一些问题，突出表现为创新要素与成果空间分布不均衡、创新资源流动不对称、缺乏推动区域合作的系统的体制机制等。这些问题需要以京津冀创新共同体建设为契机，给出有针对性的解决方案。

## 一、创新要素与成果空间分布不均衡

北京、天津、河北三地虽然在地理上临近，但从创新资源和创新能力上看，三者差距较大。这些差距体现在北京、天津、河北三地的高校与科研机构、研发投入、人才分布以及科技成果等方面。

### 1. 高校与科研机构

从高校与科研机构分布看，北京是全国高校和科研机构最集中的地区，在创新知识资源上具有明显的优势。到 2015 年年底，北京拥有普通高等院校 91 所，其中“211”高校 26 所，占全国比例接近 1/4；天津高校 55 所，河北高校 118 所，略高于北京，但天津、河北“211”高校都只有 3 所，与北京差距悬殊（图 3-9）。在研究与开发机构及国家重点实验室方面，2015 年北京研究与开发机构数量为 389 个，占全国的 10.66%；国家重点实验室 111 个，占全国 43.53%。天津研究与开发机构数量为 60 个，河北研究与开发机构数量为 79 个，略高于天津；天津国家重点实验室数量为 12 个，河北国家重点实验室数量为 6 个（2014 年数据），略低于天津。可以看出，在研究与开发机构及国家重点实验室存量上天津与河北差距不大，北京远高于天津、河北（图 3-10）。

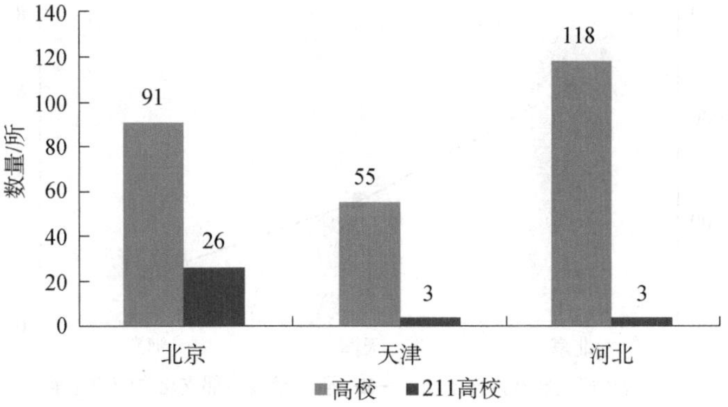


图 3-9　2015 年北京、天津、河北三地高校资源情况

资料来源：《北京统计年鉴—2016》《天津统计年鉴—2016》《河北经济年鉴—2016》

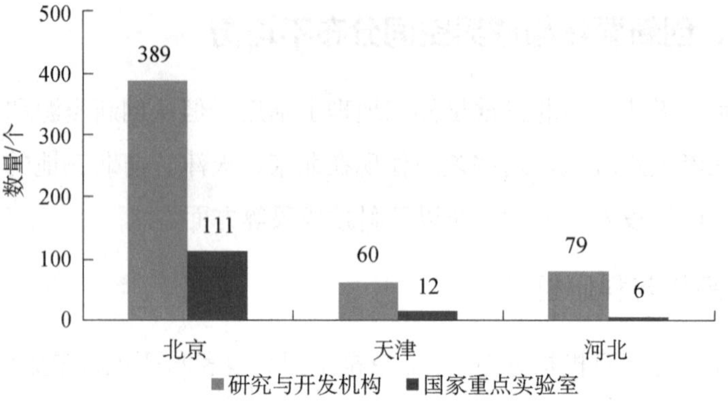


图 3-10　2015 年北京、天津、河北三地研究与开发机构等资源情况

资料来源：《中国科技统计年鉴 2016》《天津科技统计年鉴—2016》《河北科技年鉴—2015》

## 2. 研发投入

从研发投入看，2015 年，北京、天津、河北三地的研发经费内部支出总额分别为 1384.02 亿元、510.18 亿元、350.87 亿元，从三省市 2015 年研发经费内部支出情况可看出，北京的投入约为天津的 3 倍、河北的 4 倍，“一高两低”状况明显。2015 年，北京、天津、河北三地的研发投入强度分别为 6.01%、3.08%、1.18%，其中北京、天津研发投入强度高于国家 2.07% 的平均水平，北京的研发投入强度约为天津的 2 倍、河北的 5 倍（图 3-11）。

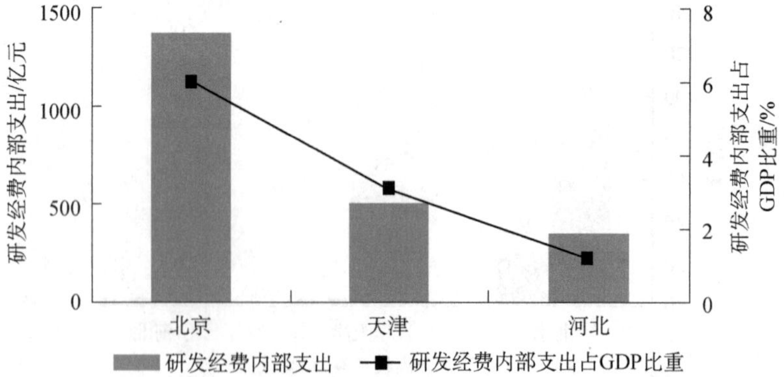


图 3-11　2015 年北京、天津、河北三地研发经费内部支出及占 GDP 比例

资料来源：《中国科技统计年鉴 2016》

### 3. 人才分布

从人才数量上看，京津冀地区的人才密集分布于北京和天津。与前两者相比，河北的人才密度显著较低。从2016年人口受教育程度抽样调查数据来看，京津冀地区大专及以上学历占比略超长江三角洲地区。然而在京津冀地区内部却存在较大的差异，北京和天津的大专及以上学历占比远远高于河北（图3-12）。

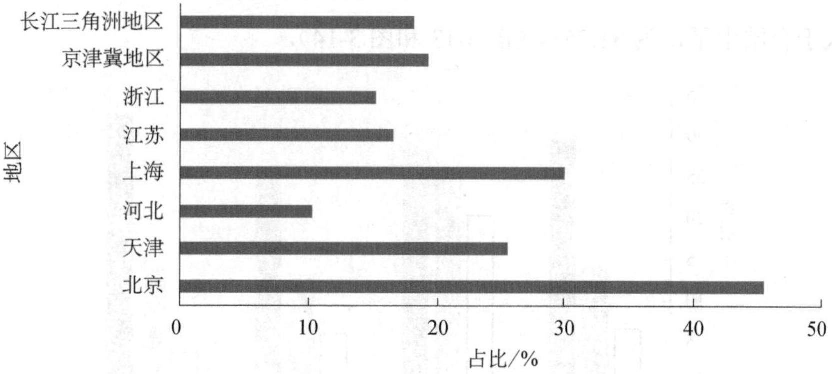


图3-12　2016年京津冀地区与长江三角洲地区大专及以上人口占比

资料来源：《中国统计年鉴—2017》

2015年北京、天津和河北的研发人员总数分别为350 721人、177 725人和164 006人，研发人员折合全时当量分别为245 728人年、124 321人年和106 975.3人年。北京在这两个统计维度上都远超河北，分别约是河北的2.14倍和2.30倍，与河北相比落差很大。天津在人才规模上略大于河北。由于河北省人口总量远高于北京、天津，所以从人才分布密度来看，河北更是严重落后于北京、天津。2013年京津冀地区每万人中研发人员数分别为65.06人、31.04人和6.51人，河北仅相当于北京的10.01%、天津的20.97%。

从创新人才质量来看，高层次人才主要集中在北京，河北最少。北京研发人员中拥有硕士研究生以上高学历的比重较大，而天津、河北两地研发人员中主要以本科毕业为主。2015年北京、天津和河北的研发人员中博士毕业人数分别为70 448人、10 217人和6004人，北京市拥有的人数分别约是天津的 7 倍、河北的 12 倍、天津和河北总和的 4.3 倍。从人员结构上看，北京的基础研究和应用研究研发人员全时当量比例分别是 16.82%和 25.09%，高于全国平均水平（6.73%和 11.45%）的两倍以上；北京的试验发展研发人员全时当量比重为 58.10%，低于全国 81.81%的比重。天津的基础研究研发人员全时当量比重为 4.73%，低于全国 6.73%的平均水平，其余两项与全国平均水平基本持平。河北的应用研究研发人员全时当量比重为 13.32%，高于全国平均水平，而其试验发展研发人员全时当量比重略低于全国水平，为 81.75%（图 3-13 和图 3-14）。

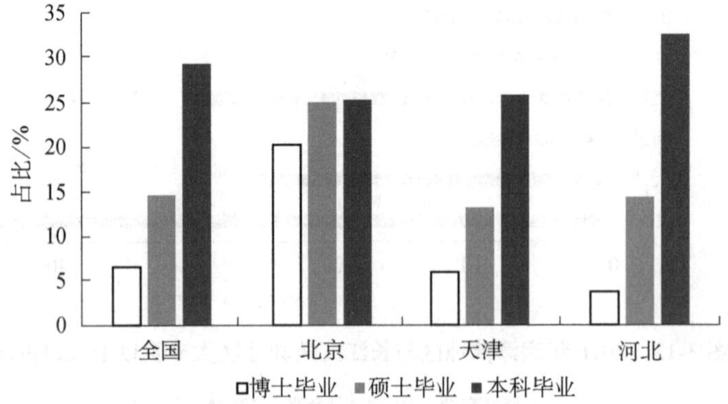


图 3-13　2015 年全国及北京、天津、河北三地各类研发人员占比

资料来源：《中国科技统计年鉴 2016》

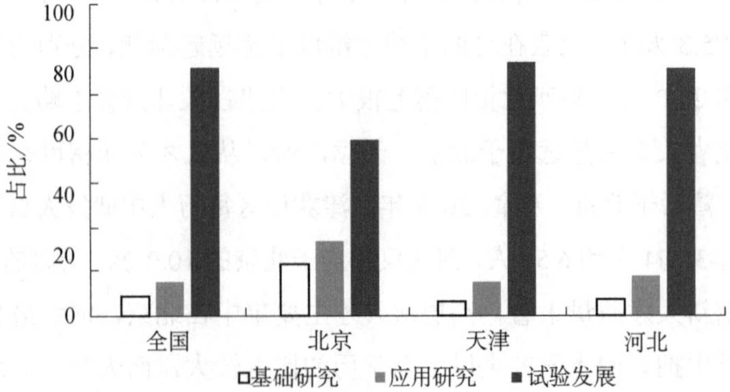


图 3-14　2015 年全国及北京、天津、河北三地各类研发人员全时当量占比

资料来源：《中国科技统计年鉴 2016》

根据《中国人力资本报告 2017》[12]中北京、天津、河北三地 2000～2015 年的人力资本数据，整理得到北京、天津、河北三地人力资本总量及人均量的发展水平（图 3-15 和图 3-16）。从图中可以看出，2000 年以来，北京和天津的实际人力资本总量增长迅速。从人均水平来看，北京和天津的实际人均人力资本量远高于河北；从增长态势看，北京、天津与河北的差距还有进一步拉大的趋势。

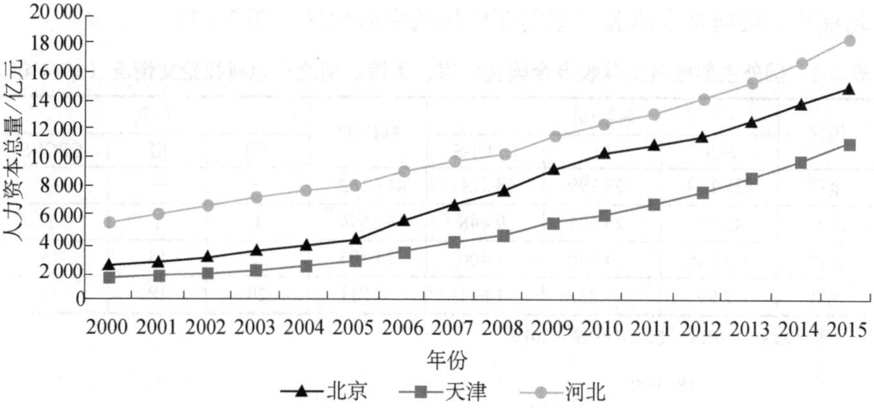


图 3-15　2000～2015 年北京、天津、河北三地实际人力资本总量

资料来源：《中国人力资本报告 2017》

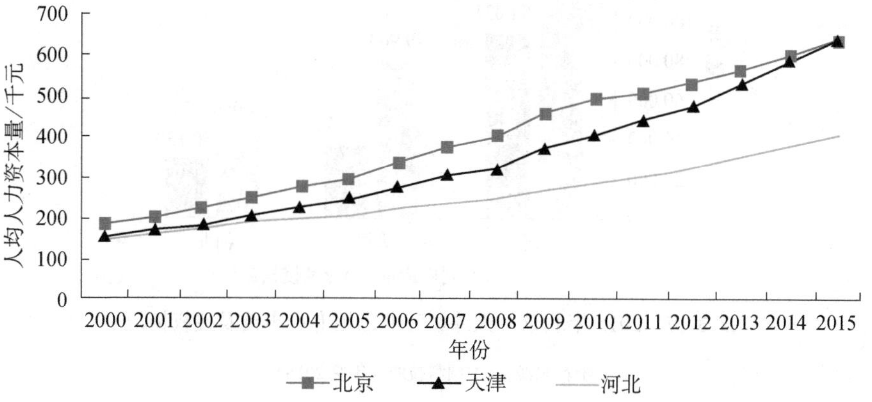


图 3-16　2000～2015 年北京、天津、河北三地实际人均人力资本量

资料来源：《中国人力资本报告 2017》

### 4. 科技成果

在发表重要论文数量方面，2014 年，北京市被 SCI、EI、CPCI-S 三大检索系统收录的科技论文数达到 81 896 篇，约占全国的 18.31%，位居全国第一；天津和河北分别为 13 103 篇和 7911 篇，在全国处于中下水平。在这方面，北京远远领先于天津、河北（表 3-1）。在专利申请数量和授权数量方面，2015 年，北京市在专利申请数量和授权数量上都保持绝对优势，北京毫无疑问是京津冀区域创新成果的中心地区（图 3-17）。

**表 3-1 国外主要检索工具收录全国及北京、天津、河北三地科技论文情况**（2014 年）

| 地区 | 篇数/篇 | | | 总计/篇 | 位次 | | |
|---|---|---|---|---|---|---|---|
| | SCI | EI | CPCI-S | | SCI | EI | CPCI-S |
| 全国 | 235 139 | 163 799 | 48 224 | 447 162 | — | — | — |
| 北京 | 42 777 | 29 671 | 9 448 | 81 896 | 1 | 1 | 1 |
| 天津 | 6 745 | 4 958 | 1 400 | 13 103 | 12 | 13 | 15 |
| 河北 | 2 993 | 3 237 | 1 681 | 7 911 | 20 | 18 | 11 |

资料来源：《中国科技统计年鉴—2016》

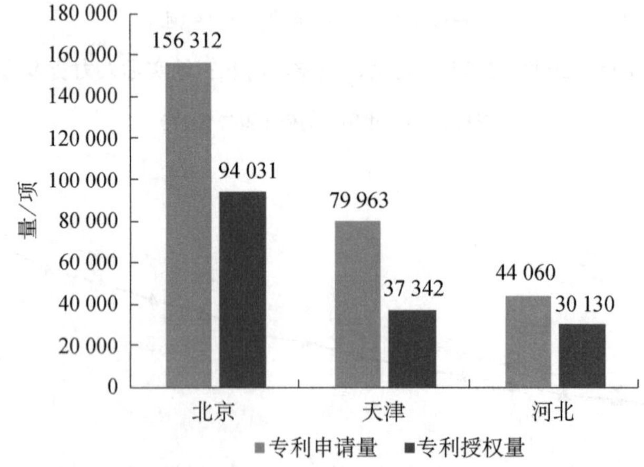


图 3-17 2015 年北京、天津、河北三地专利申请及授权情况

资料来源：《中国科技统计年鉴 2016》

### 5. 技术交易市场

从技术交易市场的发展状况来看，京津冀地区的特点是：北京输

出技术成交额和吸纳技术成交额均最大（图 3-18）。2015 年，北京输出技术成交额为 3453.89 亿元，相当于天津的 6.9 倍、河北的 87 倍。其中，北京市流向外省份的技术交易额达 1878.7 亿元，约占总量的 54.4%，成为京津冀地区乃至全国经济转型的强大驱动力。同时，北京在吸纳技术方面也表现活跃，北京吸纳技术成交额为 1147.53 亿元，约为天津的 3.5 倍、河北的 7.9 倍。天津、河北与北京在技术创新上目前存在较大差距。

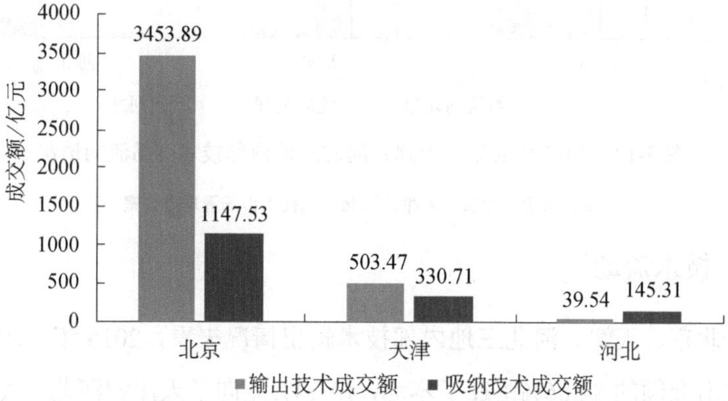


图 3-18　2015 年北京、天津、河北三地技术输出和吸纳情况

资料来源：北京、天津、河北技术市场管理办公室网站

总体而言，京津冀地区无论在创新资源还是在创新能力上，都呈现出明显的“一高两低”“整体丰富、局部稀缺、中心密集、周围分散”的不均衡状态。

## 二、创新资源流动不对称

北京、天津、河北三地在创新资源的流动上还呈现明显的不对称特征，表现为资源从河北流入北京、天津较多，但从北京、天津流入河北较少。这种资源流动的不对称性在人才和技术流动（图 3-19）方面表现得最为突出。

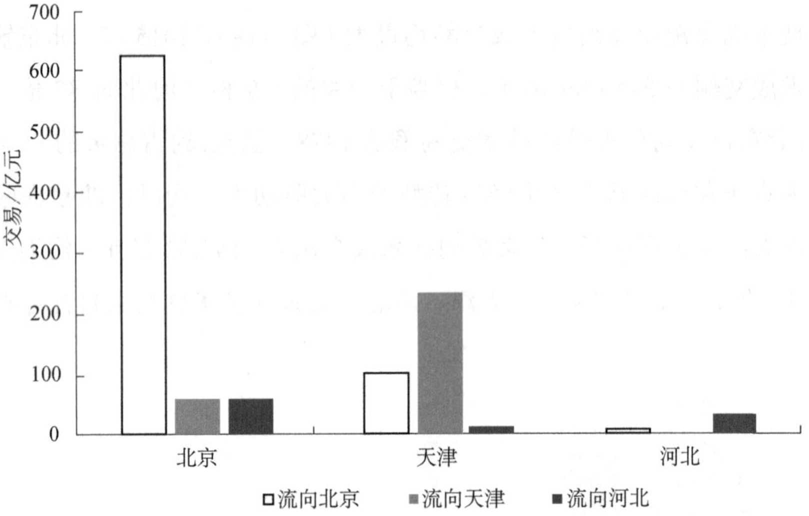


图 3-19 2015 年北京、天津、河北三地内部技术交易流向情况

资料来源：北京、天津、河北三地技术市场管理办公室

### 1. 技术流动

从北京、天津、河北三地内部技术输出情况来看，2015 年，北京区内技术输出金额的 84.86%留在了本地，15.14%流向了天津和河北，其中流向河北的占区内技术输出金额的 7.32%。天津区内技术输出金额的 68.94%留在了本地，31.06%流向了北京和河北，其中流向北京的占区内技术输出金额的 29.02%。河北区内技术输出金额的 91.98%留在了本地，8.02%流向了北京和天津，其中流向北京的占区内技术输出金额的 7.08%。

从北京、天津、河北三地内部技术输入情况来看，2015 年，北京的区内技术输入金额的 86.27%来自本地，13.44%来自天津，0.29%来自河北。天津的区内技术输入金额的 79.99%来自本地，19.91%来自北京，0.1%来自河北。河北区内技术输入金额的 30.99%来自本地，61.21%来自北京，7.8%来自天津。

总体看来，北京在区域的技术输出和技术输入成交额都是最高的，且两者基本持平；天津在区域内的技术输出和技术输入都处于第二位，输出略高于输入；河北在区域内的技术输出和技术输入规模最小，且输入远高于输出，处于技术“逆差”态势。从内部互动看，北京在天津和河北的技术输入中占据较大份额，但天津和河北在北京的技术输入中占据的份额却比较低。天津流向北京的技术和从北京吸纳的技术都要显著高于天津流向河北和从河北吸纳的技术。河北输出的大部分技术留在了本地，技术输入主要来源于北京，来自天津的份额较低。可见，天津和河北对北京具有较强的技术转移和成果转化的依赖性，但北京对前两者的依赖则明显较弱。天津与河北之间双向流动都比较少，互动不活跃。

进一步考察科技成果的区域分布可以看到，无论是论文还是专利，京津冀地区主要的科技成果均集中在北京（图 3-20）。对技术交易市场数据（图 3-21 和表 3-2）进行分析可以发现，2005 年以来，北京流向天津、河北的技术合同成交额比例呈现了上升又下降的过程，2013 年达到最低点。2014 年后，在京津冀协同发展一系列配套政策激励下，北京流向天津、河北两地的技术合同成交额持续增长。通过对比发现，同期北京流向天津、河北两地的技术合同成交额不论是总额还是增长率都低于长江三角洲和珠江三角洲地区，京津冀创新共同体建设仍然任重而道远。

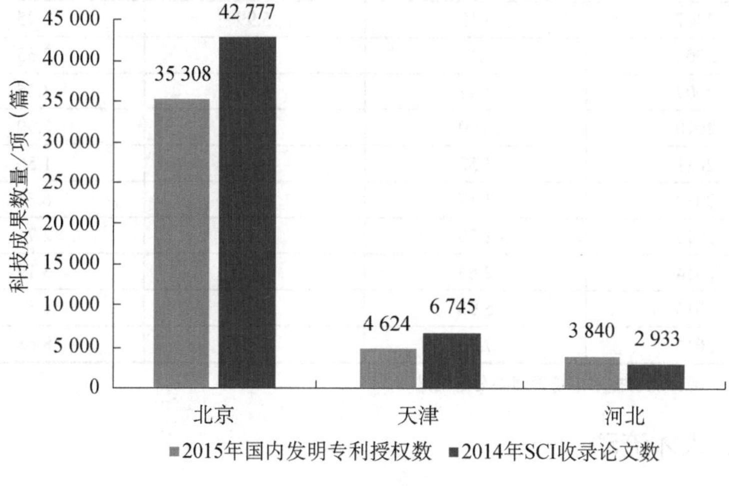


图 3-20　北京、天津、河北三地科技成果数量

资料来源：《中国科技统计年鉴 2016》

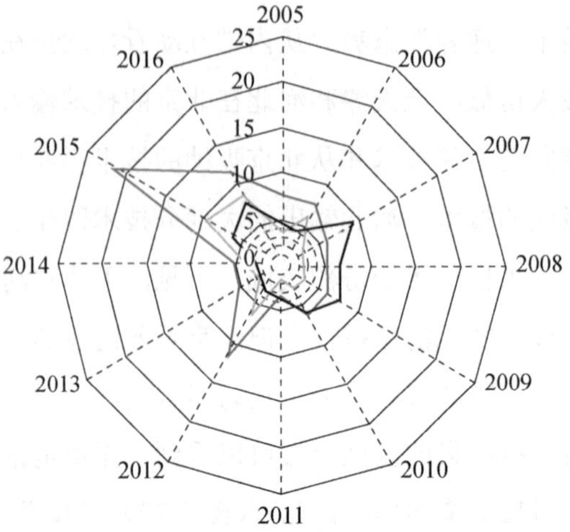


图 3-21 2005～2016 年北京技术合同成交额流向（单位：%）

资料来源：北京技术市场管理办公室网站

**表 3-2 2005～2016 年北京技术合同成交额流向占比** 单位：%

| 年份 | 津冀 | 长江三角洲 | 珠江三角洲 |
|---|---|---|---|
| 2005 | 4.61 | 7.69 | 3.63 |
| 2006 | 4.25 | 7.82 | 6.12 |
| 2007 | 9.19 | 5.99 | 2.95 |
| 2008 | 6.29 | 5.51 | 2.65 |
| 2009 | 7.42 | 6.00 | 3.35 |
| 2010 | 6.00 | 6.27 | 2.99 |
| 2011 | 3.52 | 3.26 | 1.56 |
| 2012 | 3.17 | 11.41 | 6.34 |
| 2013 | 2.50 | 5.46 | 2.71 |
| 2014 | 2.65 | 5.08 | 3.19 |
| 2015 | 5.93 | 21.47 | 9.51 |
| 2016 | 7.75 | 11.92 | 8.68 |

资料来源：北京技术市场管理办公室网站

### 2. 人才流动

人才流动与合作是人才协同创新的最主要方式。考察京津冀地区内部的人口流动可以发现，北京、天津、河北三地人口流动存在明显的不对称现象。依据第五次人口普查和第六次人口普查结果（图 3-22），2000 年北京流出的人口中，流入河北 2.9 万人，占北京人口流出比例 31.60%，占河北人口流入比例 3.20%；2010 年北京流出的人口中，流入河北的人口出现大幅度增长，达到 7.5 万人，但占北京人口流出比例却有所下降，为 27.30%，占河北人口流入比例增加至 5.40%。2000 年北京流出的人口中，流入天津 0.5 万人，占北京人口流出比例 4.80%，占天津人口流入比例 0.60%；2010 年北京流出的人口中，流入天津的人口有所增长，达到 2.3 万人，占北京人口流出比例也上升至 8.30%，占天津人口流入比例增加至 0.80%。

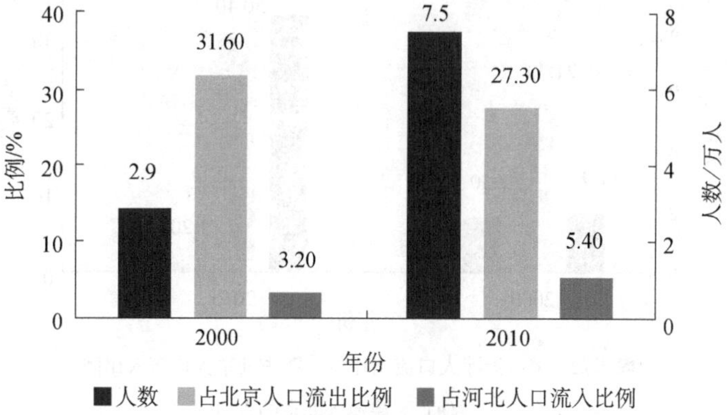

(a) 北京流入河北的人口

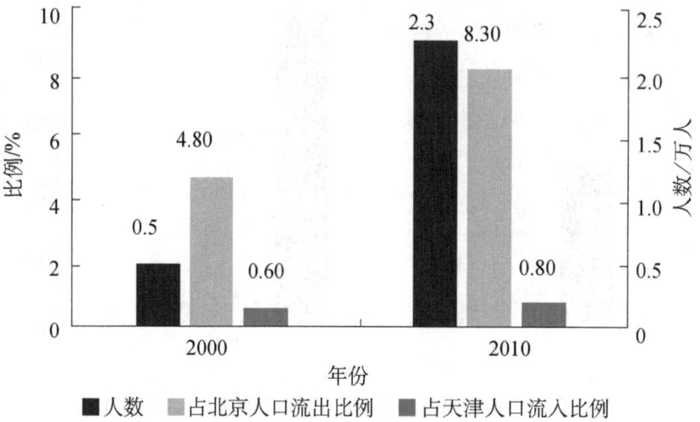

(b) 北京流入天津的人口

图 3-22　北京人口流出情况

资料来源：第五次全国人口普查与第六次全国人口普查数据

2000 年天津流出的人口中，流入北京 1.9 万人，占天津人口流出比例 21.70%，占北京人口流入比例 7.30%；2010 年天津流出的人口中，流入北京大幅增长到 8.3 万人，占天津人口流出比例也上升至 30.40%，占北京人口流入比例则降至 1.20%。2000 年天津流出的人口中，流入河北 3.3 万人，占天津人口流出比例 39.40%，占河北人口流入比例 3.50%；2010 年，天津流出的人口中，流入河北人口增长至 6.5 万人，占天津人口流出比例降至 23.90%，占河北人口流入比例则增至 4.70%（图 3-23）。

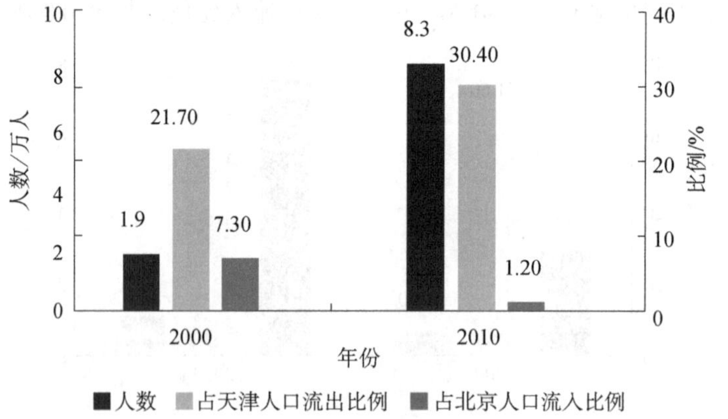


（a）天津流入北京的人口

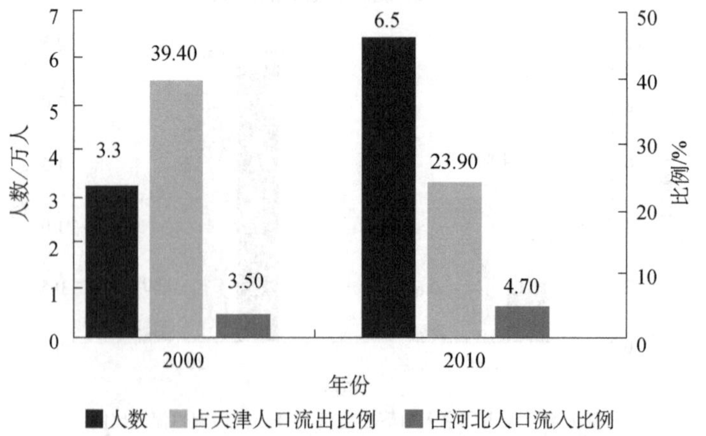


（b）天津流入河北的人口

图 3-23　天津人口流出情况

资料来源：第五次全国人口普查与第六次全国人口普查数据

2000 年河北流出的人口中，流入北京 55.5 万人，占河北人口流出比例 45.60%，占北京人口流入比例 22.60%；2010 年河北流出的人口中，流入北京大幅增长到 155.9 万人，占河北人口流出比例略降至 44.60%，占北京人口流入比例 22.20%。2000 年河北流出的人口中，流入天津 20.3 万人，占河北人口流出比例 16.70%，占天津人口流入比例 27.60%；2010 年河北流出的人口中，流入天津人口增长至 75.5 万人，占河北人口流出比例增至 21.60%，占天津人口流入比例则略降至 25.30%（图 3-24）。

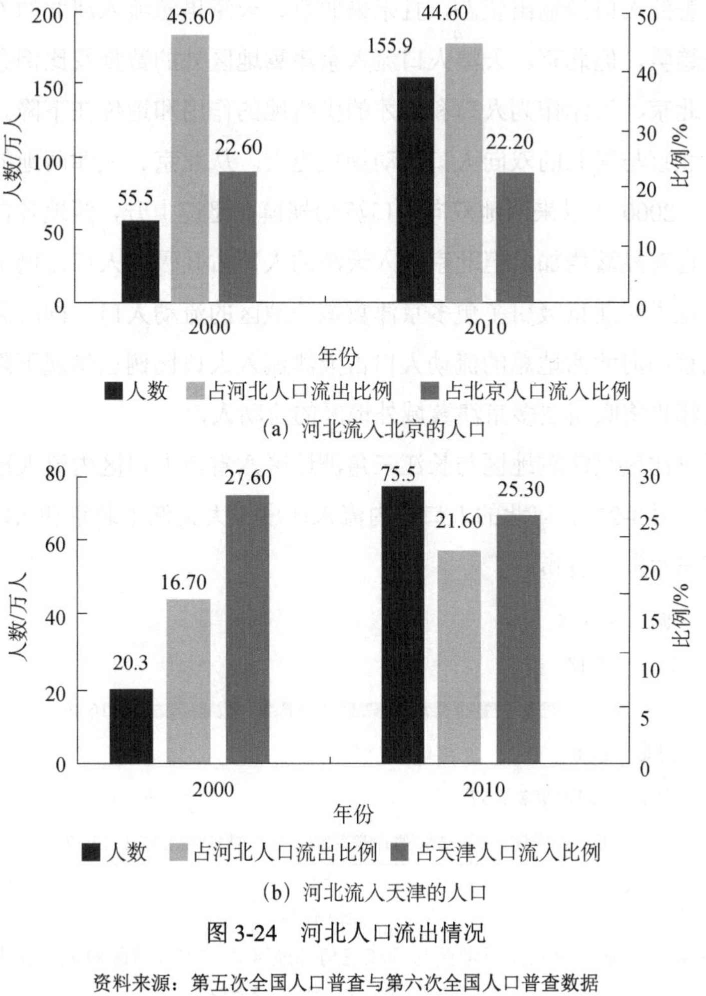


（a）河北流入北京的人口

（b）河北流入天津的人口

图 3-24　河北人口流出情况

资料来源：第五次全国人口普查与第六次全国人口普查数据

总体来说，从北京、天津与河北的人口流动看，自2000年以来，北京、天津吸引来自河北的流动人口保持在较高的规模，两地吸引的流动人口占据河北省人口流出数量的2/3左右（其中北京占了约1/2），且保持着平稳的态势。而在北京、天津流入河北的人口之中，虽然数量呈现上升态势，但相较于河北流入北京、天津的人口总体规模较小；北京、天津流入河北人口占河北人口流入的比例仅为10%左右，虽然该占比有上升趋势，但占北京、天津流出人口的比例呈现下降态势。这说明相对于北京、天津，河北处于显著的人口净输出状态，且未来北京、天津虽然流入河北的人口规模有上升趋势，但北京、天津人口流入京津冀地区外的数量及比例会更多。河北对北京、天津作为人口和人才的供给地的作用和地位在下降。与天津相比，北京与河北的双向人口流动规模更大。从北京、天津两地的人口流动来看，2000年以来两地双向人口流动规模在迅速上升，两地各自流出人口占比也有显著增加，但北京吸入天津的人口占其吸入人口比例则呈下降态势。这说明北京吸引了更多京津冀域外地区的流动人口。同时天津吸入来自北京和河北两地总的流动人口占天津流入人口比例也呈现下降趋势。未来天津也将吸引更多京津冀域外地区的流动人口。

通过比较京津冀地区与长江三角洲地区六省市人口区内流入迁出比可以发现（图3-25），河北的人口区内流入迁出比大大低于北京和天津，也低于长江三角洲三省市。

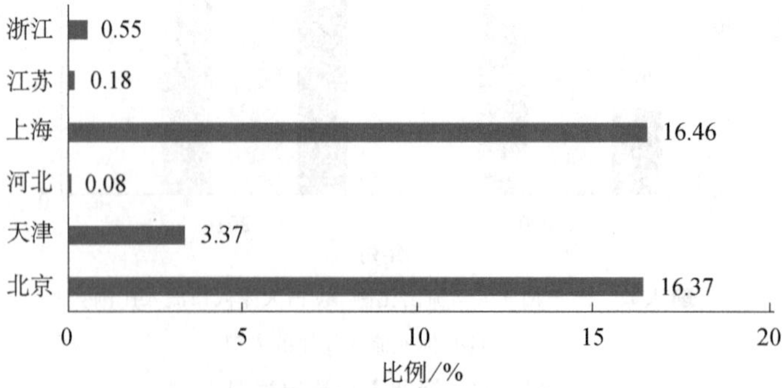


图3-25　2010年京津冀地区与长江三角洲地区六省市人口区内流入迁出比

资料来源：第六次全国人口普查数据

从北京、天津、河北三地的高校毕业生流向（图 3-26）来看，2015 年北京京外生源高校毕业生选择京外就业的占到毕业生人数一半以上，总体京外地区就业达 36.7%，这个数字高于 2014 年上海高校毕业生沪外就业比例 24.41%。2015 年河北非师范类高校毕业生省内就业比例为 81.06%，去往天津比例为 1.72%，去往北京比例为 1.05%，分别排名省外就业占比第一名和第四名。2015 年天津高校毕业生天津区内就业占比为 54.76%，去往北京比例为 7.12%，去往河北比例为 4.83%，分别排名津外就业地区第一名和第二名。

2015年江苏省高校毕业生省内就业比例为75.09%，去往上海比例为4.25%，去往浙江比例为 2.00%，分别排名省外就业占比第一名和第二名。2015 年浙江省高校毕业生省内就业比例为 87.09%，省外就业比例为 12.91%，这个比例是长江三角洲地区和京津冀地区合计六省市中最低的。因此，对比长江三角洲地区来看，京津冀地区高校毕业生的区内流动比长江三角洲地区更加活跃，北京培养的高校毕业生人才对全区乃至全国的辐射带动作用也要优于上海。

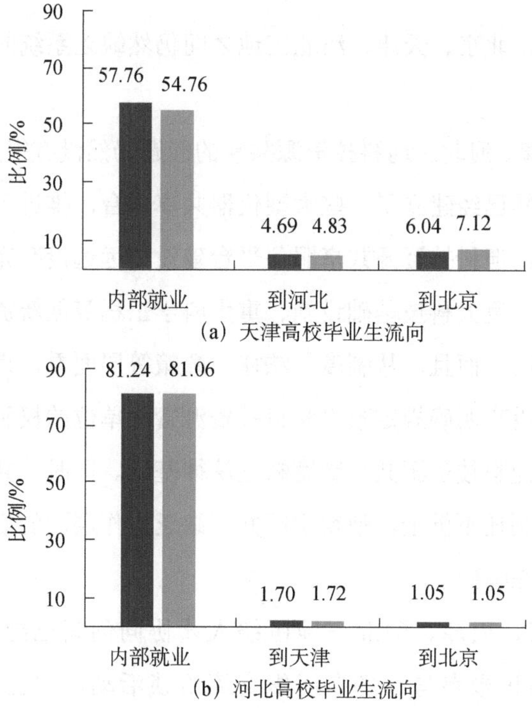

(b) 河北高校毕业生流向

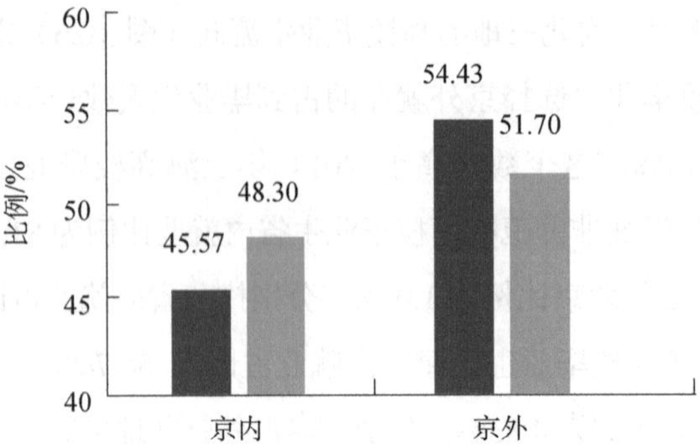


(c) 北京京外生源高校毕业生流向

图 3-26　北京、天津、河北三地高校毕业生流向

流向河北省外毕业生占比数据根据《河北省非师范类高校毕业生就业质量年度报告》（2014 年、2015 年）相关数据计算得出

资料来源：2014 年、2015 年北京、天津、河北高校毕业生就业质量年度报告

## 三、缺乏推动区域合作的系统的体制机制

总体看来，北京、天津、河北三地之间仍然缺乏系统的区域合作与互联互通机制。

北京、天津、河北三地科技资源共享的问题仍然没有得到很好的解决。京津冀地区虽然已经建立了一些大型仪器共享平台，推进了京津冀地区的科技资源共享，但科技资源共享服务平台建设还远远没有完成，尚未实现大型科学仪器、重大科技基础设施、重大科学工程等创新资源和要素在区域内的共享共用。而且，从制度、法律、政策等层面看，京津冀地区科技资源的共享，没有明确规定政府和科技资源管理单位的权利、义务、责任以及处罚，构建科技资源共享制度缺乏法律基础。同时，共享的相关制度和具体运行机制还不健全，使得实际共享缺乏操作层面的规则支撑，在具体实践中也存在障碍。

尽管北京、天津、河北三地围绕人才协同创新已经开展了大量工作，许多部门积极参与，各自组织交流洽谈活动，但已有的主要工作手段还是组织活动、签订意向性的协议。人才在北京、天津、河北三地之间突破户籍限制自由流动这一推动人才协同创新的根本性改革设想还未能落实，长效的京津冀人才协同创新工作机制还没有形成。此外，目前京津冀区域科技人才一体化，主要集中在解决高层次科技人才流动存在的行政区域限制问题，关于其他科技人才流动的柔性制度并不完善。

北京、天津、河北三地先后建立了科技信息平台，但是这些科技信息平台主要面向本市区，北京、天津、河北三地科技信息数据的标准化、规范化较差，整合度不高，科技信息较为分散，需要耗费较多时间去搜寻。专门的“京津冀科技合作的科技信息平台”尚未建立，使得京津冀区域性科技信息缺乏统一有效的管理，更无法实现科技信息共享。北京、天津、河北三地金融制度的地区壁垒高，缺乏科技资金的相互流动与支持机制，割裂了一体化的区域资金要素市场建设，致使区域内创新资金的流动受阻。

由于互联互通的体制机制不健全，北京、天津、河北三地政策对接和互动也不到位，科技创新合作的广度和深度都受限，难以实现“优势互补”与“互利共赢”，全面的、可持续性的区域创新合作关系尚未形成。

## 第三节　本章小结

京津冀地区是中国最具发展潜力的区域之一。从创新资源看，京津冀地区是我国高校、科研院所最集中的区域。京津冀地区科技投入高，研发资金充裕，科技人才济济。从创新成果看，京津冀地区原创性创新成果数量多、水平高。多年来京津冀地区培养了大批创新型企业，这些企业积极参与创新活动引领着地区发展和产业发展。从创新互动看，各类创新要素流动加快，区域内创新合作频繁。从协同创新的体制机制看，京津冀地区自《京津冀协同发展规划纲要》颁布实施以来，围绕交通、产业、生态、科技等重点领域出台了一系列的规划和政策，体制机制不断取得突破。

与此同时，京津冀协同创新仍面临着一些问题，突出表现为：创新要素与成果空间分布不均衡，在创新资源和创新能力上，呈现出明显的“一高两低”“整体丰富、局部稀缺、中心密集、周围分散”特征。北京、天津、河北三地在创新资源的流动上还呈现明显的不对称特征，表现为资源从河北流入北京、天津较多，但从北京、天津流入河北较少。这种资源流动的不对称性在人才和技术流动方面表现的最充分。此外，北京、天津、河北三地仍然缺乏推动区域合作的系统的体制机制。这些问题，需要以京津冀创新共同体建设为契机，给出有针对性的解决方案。

## 参考文献

[1] 庞江倩. 北京统计年鉴—2016[M]. 北京：中国统计出版社，2016.

[2] 天津市统计局，国家统计局天津调查总队. 天津统计年鉴—2016[M]. 北京：中国统计出版社，2016.

[3] 吴晓华. 河北经济年鉴—2016[M]. 北京：中国统计出版社，2016.

[4] 教育部. www.moe.gov.cn.

[5] 科学技术部. 中国科技统计年鉴 2017[M]. 北京：中国统计出版社，2017.

[6] 科学技术部. 中国科技统计年鉴 2016[M]. 北京：中国统计出版社，2016.

[7] 人民网. 中关村成为中国新经济发动机. 贡献北京近四成 GDP[EB-OL]. It.people.com/cn/ni/2016/0525/c1009-28377715.html[2016-05-25].

[8] 新浪财经. 中关村上市公司总市值近5万亿接近北京市GDP的两倍[EB-OL]. finance.sina.com.cn/stock/s/2017-11-08/doc-ifynsait6327119.shtml[2017-11-8].

[9] 干龙网. 提升“中关村”标准品牌影响力 打造世界先进标准创制的引领辐射区[EB-OL]. finance.qian Pong.com/2017/0920/2046126.shtml[2017-09-20].

[10] 搜狐网. 中关村超越者 OR 模仿者[EB-OL]. www.sohu.com/a/115215487_ 497115

[2016-09-28].

[11] 第一财经网. 中关村：284 家上市公司聚集的创新创业高地[EB-OL]. www.yicai.com/news/5053583.html[2016-08-01].

[12] 中央财经大学人力资本与劳动经济研究中心. 中国人力资本报告 2017[EB-OL]. http://www. cufe.edu.cn/xyxx/bgjz/95727.htm[2017-12-28].

# 第四章 京津冀创新共同体的网络结构特征

伴随后金融危机时代世界经济进入深度调整阶段，新的增长模式和发展源泉正在重构，创新成为引领国家和区域经济增长的核心和决定性力量。各种类型的“创新流”和创新合作在某种程度上改变和影响了区域的空间格局，城市间关系和空间组织也越来越多地表现为各类创新、创意要素的交互耦合关系[1]。

创新共同体是以创新为纽带的社会群体关系。共同体正是由社会行动者之间的关系以及这些关系之间的联系所构成的。创新共同体参与成员对共同体的归属感直接建立在成员之间关系的基础上，成员通过这种关系而归属于创新共同体。因此，研究创新共同体，关注的是参与者之间的关系。这种关系超越了特定的地域、政治、语言等限制。创新共同体内部成员之间的关系比他们与共同体之外的同类主体之间的关系要更紧密，这种关系是相对的、动态的而非绝对的、静态的。共同体成员之间的紧密关系以及由此带来的密集交互推动形成了创新共同体的关系网络。创新共同体的组织形式各异，但它们拥有的关键共性之一就是群体化的组织网络。

创新共同体成员之间形成的关系网络具有三个典型的特征：①密集性（density），这种密集性又体现在两个方面，一方面是成员之间交互与联系的广泛性，即合作交互关系广泛存在于所有成员之间；另一方面是成员之间交互与联系的频度，即成员之间的合作交互具有较高的频次。②成员之间交互与联系的多元性（multiplexity），这种多元性与参与成员的属性密切相关。创新共同体参与成员往往具有多重属性，如创新主体属性（企业、大学及科研院所、政府、中介机构、金融机构等）、区域属性（节点分属于不同的行政区）和产业属性（各节点隶属产业不同）。因此，成员之间的合作和联系可能跨越了不同创新主体（如大学和企业的合作）、不同行政区域、不同产业（如信息产业与制造业的合作），甚至三者兼而有之。创新共同体关系网络最终是三层创新网络，即创新主体链接网络、行政区创新链接网络和产业创新链接网络的叠加。③系统性（systematicity），即成员之间的多重密集关系相互作用，形成创新共同体的关系网络并受到网络的作用与支配。创新共同体的关系网络为参与成员提供了确定的参与感和共同体的身份认同，而这种认同也约束和影响着互动各方的行动。

本部分综合运用复杂网络与地理信息系统分析方法，基于京津冀地区 13 个城市的专利合作数据，考察自 2000 年以来京津冀城市群内部的创新合作网络总体特征与空间特征，分析京津冀地区创新合作网络的演化规律，从而形成对京津冀地区创新共同体关系网络发展的整体认识。

## 第一节　文献回顾

区域创新网络是地方行为主体（企业、大学、科研院所、地方政府等组织及个人）之间在长期正式或非正式的合作与交流关系的基础上所形成的相对稳定的网络。对区域创新网络的分析可以从多种视角出发，研究不同层面的节点之间的创新交流与合作，如由微观层面的企业、机构组织之间的技术转移和研发合作构成的网络，以及由中观层面的空间节点之间创新资源流动和共享构成的网络[2]。

网络的优势在于三个方面：①物质收益，即通过共同工作企业可以增加销售，降低生产成本；②心理收益，即企业消除了隔离感，知道其他人也共同面临着自己的问题；③发展收益，即通过促进与企业的交互，网络促进了学习和适应变化经济环境的能力[3]。网络的形成有如下好处：规模和活动范围的增加、成本和风险共担、应对复杂性的能力提升、学习效应得到强化、积极的福利效应（总研发支出和研发效率增加）、（层级的）灵活性增强、（知识转移）效率提高、（对机会反应的）速度加快等[4]。从某种意义上说，从开展创新活动的角度看，网络的形成以及对其的支持正是基于整体（网络）大于各部分（网络成员）之和的假设。

简单来说，区域创新网络的结点包括企业、大学及科研院所、政府、中介机构以及区域内金融机构等五种类型[1]。区域创新网络各类结点在协同创新过程中，各自发挥着不同的作用。网络中各结点间的关系链条，既是信息、知识传递扩散的关键渠道，又是知识、信息、技术等在扩散过程中创造价值或知识增值的“价值链”。创新网络中的联系或链条既包括正式的合同性协议，也包括松散联系的非正式网络。

对区域创新网络的分析可以从多种视角出发，研究不同层面的节点间的创新交流与合作，如由微观层面的企业、机构组织之间的技术转移和研发合作构成的网络[5, 6]，以及由中观层面的空间节点之间创新资源流动和共享构成的网络[7, 8]。随着经济全球化和区域经济一体化的发展，流空间（space of flow）逐渐取代地方空间（space of place），以城市为节点，从网络视角考察区域内，尤其是城市群内部的创新联系，正在成为当前的研究热点[9, 10]。

以城市为节点的创新网络分析是经济地理与创新管理的交叉研究领域，研究内容主要集中于两个方面，一是对形成创新网络影响因素的研究，主要围绕着多重邻近性因素对创新合作和创新网络形成及发展的影响，如吕国庆等分析了地理邻近与社会邻近对长江三角洲装备制造业产学研创新网络结构及特征的影响[11]；李琳、王晓峰基于社会网络分析方法研究了地理邻近与认知邻近对高新区创新绩效的影响[12]。二是对城市创新网络结构特征及其演化规律的研究，研究热点聚焦于国家层面和长江三角洲区域，如牛欣、陈向东对我国 287 个地级及以上城市间的创新联系及创新网络空间结构进行了深入探讨[13]；金钟范、张广基于科技论文合作考察了 2000～2010 年我国城市科技创新网络结构特点及演化趋势[14]；李建成等基于 2000～2015 年长江三角洲城市群论文合作数据构建科学知识网络，分析长江三角洲城市群科学知识网络的动态演变规律与演化方向[15]；陆天赞运用社会网络分析方法结合空间分析，研究长江三角洲各城市创新协作管理的网络特征空间组织特征和演化规律[16]。总体来说，对创新网络特征及其演化规律的研究主要利用城市间论文合作[17-19]和专利合作[16]数据构建网络，分析网络的总体特征与时空演化规律。在研究方法上，主要采用社会网络或复杂网络的方法，并结合地理信息系统技术，实现对复杂城市网络结构的拓扑解析和空间投影。

京津冀地区协同创新是近两年的研究热点，相关研究主要聚焦于京津冀协同创新的体制机制[20]，从网络角度研究京津冀协同发展也主要集中在交通、产业、投资、政府协作治理等领域[21-24]，考察城市群内部创新联系的相关研究较少。周密、孙浬阳运用 2002～2014 年京津冀地区 13 个城市之间的专利权双向转移数据分析了京津冀地区创新网络的结构特征和关联关系，并对影响京津冀专利权转移关系网络的影响因素进行了分析[25]。方嘉雯、刘海猛利用社会网络分析方法分析了京津冀城市群创业风险投资的时空分布特征，在此基础上利用引力模型和计量分析模型揭示京津冀城市群创业风险投资时空分布的影响机制[24]。总体来说，已有研究缺乏对京津冀创新网络历史发展过程的动态分析与把握。

## 第二节　研究方法与数据来源

### 一、研究方法

本书采用复杂网络研究方法来分析京津冀创新网络在演化过程中的拓扑与空间特征。复杂网络既不同于规则网络，也不同于随机网络，具有“小世界性”和“无标度性”[26]。本书将围绕着以下一些复杂网络的拓扑统计特征展开分析。

#### 1. 网络密度

网络密度衡量的是网络成员间联系的紧密程度。网络中，密度越大表明网络成员的联系越紧密。在城市创新合作网络中，密度越大，表示城市节点之间的创新合作活跃，创新联系越紧密，网络对个体节点创新行为与能力的影响也越大。具体公式为

$$D=\frac{\sum_{i=1}^{k}\sum_{j=1}^{k}m(n_i,n_j)}{N(N-1)} \tag{4-1}$$

式中，$D$ 为网络密度；$N$ 为网络节点数；$m(n_i,n_j)$ 为节点 $i$ 与 $j$ 之间连边的数量。

## 2. 平均路径长度

网络中节点 $i$ 与节点 $j$ 之间的最短路径（shortest path）也称为测地路径（geodesic path），是指连接这两个节点的边数最少的路径。节点 $i$ 与节点 $j$ 之间的距离 $d_{ij}$ 定义为连接这两个节点的最短路径上的边的数目，也称为两个节点之间的测地距离（geodesic distance）。网络的平均路径长度 $L$ 定义为任意两个节点之间的距离的平均值，即

$$L=\frac{1}{\frac{1}{2}N(N-1)}\cdot\sum_{i\geqslant j}d_{ij} \tag{4-2}$$

## 3. 聚集系数

定义 $C_i$ 为度 $k$ 的节点 $i$ 的聚集系数，$C_i=\frac{2m_i}{k_i(k_i-1)}$，其中 $m_i$ 表示节点 $i$ 的邻点之间的连边数；$k_i$ 表示节点 $i$ 的度。一个网络的聚集系数 $C$ 定义为网络中所有节点的聚集系数的平均值，即

$$C=\frac{1}{N}\cdot\sum_{i=1}^{N}C_i \tag{4-3}$$

## 4. 度分布与权分布

网络中节点的连边数目称为该节点的度 $k$。网络中不是所有的节点都具有相同的度。研究表明，大多数实际网络中的度满足一定的概率分布。

度分布 $p(k)$ 定义为网络中度为 $k$ 的节点在整个网络中所占的比率。

在加权网络中，相对应的概念还有点权和边权。边权 $w_{ij}$ 是节点 $i$ 与节点 $j$ 之间连边的权重。点权 $s_i$ 是无权网络中节点度的自然推广，定义为与该节点关联的边权之和，即

$$s_i = \sum_{j=1}^{k} w_{ij} \tag{4-4}$$

点权分布 $p(s)$ 定义为网络中权为 $s$ 的节点在整个网络中所占的比率。

### 5. 度相关性与权相关性

度分布无法完备的描述网络的特征。具有相同度分布的两个网络可能具有非常不同的其他性质或行为。权、度相关性是从二阶分布特征角度来考察网络的拓扑特征。度相关性描述了网络中度大的节点和度小的节点之间的关系，基于 pearson 相关系数的度相关性[27, 28]定义为

$$r = \frac{M^{-1}\sum_{\text{所有}m_{ij}} k_i k_j - [M^{-1}\sum_{\text{所有}m_{ij}} \frac{k_i + k_j}{2}]^2}{M^{-1}\sum_{\text{所有}m_{ij}}^{M} \frac{k_i^2 + k_j^2}{2} - [M^{-1}\sum_{\text{所有}m_{ij}}^{M} \frac{k_i + k_j}{2}]^2} \tag{4-5}$$

其中，$M$ 为网络的总边数；$k_i$ 和 $k_j$ 是边 $m_{ij}$ 的两个节点 $i$ 与 $j$ 的度数。可知度相关系数 $r$ 的范围为 $0 \leqslant |r| \leqslant 1$。当 $r < 0$ 时，网络是负相关的；当 $r > 0$ 时，网络是正相关的；当 $r = 0$ 时，网络是不相关的。类似定义还可推广至加权网络中的权相关性、权度相关性，具体公式参见 Leung 的文章[29]，在此不再赘述。

### 6. 结构熵

熵是系统的一种无序的度量。网络结构熵是对复杂网络序状态的度量。学界对于结构熵的测度提出了多种不同的方法，传统熵指标大多是从网络节点的差异性出发，而“蔡”结构熵[30]综合考虑网络节点和连边的差异性，可以更有效地反映网络的结构特征[31]。具体来说，网络节点的差异性定义

为网络中与该节点度不相同的节点的数目 $S_i = [1 - p(k_i)] \cdot k$，节点连接的差异性定义为 $D_i = k_i[1 - p(k_i)] \cdot k$，综合节点和节点连接的差异性定义网络节点的结构重要性程度 $I_i = \alpha S_i + \beta E_i$，其中 $\alpha$ 和 $\beta$ 分别为点差异性和边差异性的权重。网络结构熵为

$$E = -\sum \frac{I}{\sum I} \ln \frac{I}{\sum I} \qquad (4\text{-}6)$$

7. 社团结构

对复杂网络社团结构的评判没有统一的标准。最常见的标准有两种[32]：一种是基于网络节点的相对连接频数，另一种是以网络连通性为评判标准。城市专利合作是中观层面的无向网络，从网络连通性的角度并无较大实际意义，而节点之间合作的频次恰好是研究关注的一个主要焦点。因此，选择基于网络节点相对连接频数的块模型[33]考察京津冀专利合作网络的结构与关系特点。

## 二、数据来源

专利数据是一种关于技术发展和合作的非常有价值的信息资源，特别适合分析研究创新行为中的合作关系[34]。本书采用专利联合申请数据来表征京津冀地区城市间的创新联系，数据来源于国家知识产权局专利检索平台。如果专利申请人中包含来自不同城市的高校、科研机构或企业等多个申请人，即认为不同城市节点之间存在合作关系。京津冀地区共有北京、天津、石家庄、廊坊、保定、沧州、张家口、唐山、承德、秦皇岛、衡水、邢台、邯郸 13 个城市。在专利申请人检索栏，以 13 个城市名称以及“国家”“中国”为关键词进行组合搜索，以五年为时间间隔，对 2000 年、2005 年、2010 年、2015 年不同城市之间合作申请的专利进行统计。同时，考虑到一些知名高校和企业的名称中没有地域性词组，对这部分高校和企业进行了统计，并结合城市名称进行了申请人组合搜索，并去除了重复的记录。

# 第三节　京津冀创新合作网络的拓扑统计特征

## 一、创新合作网络的总体特征

2000年以来，京津冀地区城市之间的专利合作频次有了大幅度增加，从2000年的28例增长到2015年的4956例，增长迅猛。同时创新网络的参与合作的城市节点数也稳步上升，2000年仅有8个城市参与了区域内的专利合作，到2010年区内13个城市全部参与了专利合作，创新网络的规模稳步提升。从建立专利合作关系的节点对来看，2000年仅有7个节点对，2005年上升到10个节点对，到2010年大幅增加至22个节点对，此时京津冀地区所有城市均参与了创新网络，此后节点对继续增加，到2015年增至33个节点对。从网络密度来看，整体也呈现逐步增长的态势，从2000年的0.090上升至2015年的0.423，15年间增长了3.7倍。虽然2000年来京津冀地区专利合作网络密度上升很快，但总体密度仍然不高，尚未达到0.5，这意味着，网络中的节点连接数仍然过少，距离完全网络状态仍有较大差距。从平均路径长度来看，自2000年以来，总体上平均路径长度呈现下降趋势，平均节点间距离最大仅为1.833。从平均聚集系数来看，2000年以后平均聚集系数上升很快，但上升速度趋缓。对比具有同样平均度和节点数量的随机网络，聚集系数为 $C_{rand} = \langle k \rangle / N = 5.077/13 \approx 0.391$，可见京津冀创新合作网络的聚集系数远高于随机网络。总体上，京津冀创新合作网络平均路径长度短而平均聚集系数高，表现出明显的小世界网络特征[35]（表4-1）。

**表4-1　京津冀地区专利合作网络总体特征**

| 年份 | 2000 | 2005 | 2010 | 2015 |
|---|---|---|---|---|
| 专利合作频次 | 28 | 50 | 388 | 4956 |
| 参与合作城市节点数 | 8 | 9 | 13 | 13 |
| 节点对 | 7 | 10 | 22 | 33 |
| 平均度 | 1.077 | 1.538 | 3.385 | 5.077 |
| 平均加权度 | 4.308 | 7.692 | 59.692 | 762.462 |

续表

| 年份 | 2000 | 2005 | 2010 | 2015 |
|---|---|---|---|---|
| 网络密度 | 0.090 | 0.128 | 0.282 | 0.423 |
| 平均路径长度 | 1.75 | 1.833 | 1.718 | 1.577 |
| 平均聚集系数 | 0 | 0.607 | 0.762 | 0.827 |

## 二、创新合作网络的一阶统计特征

从网络的节点度分布来看（图 4-1），2000～2015 年，京津冀城市创新网络表现出明显的从长尾分布向钟形分布转化的趋势，网络节点度峰值呈现左偏状态。这说明随着创新网络参与节点和连边的不断增加，度分布极端不均衡的情况有所改变，趋于均衡发展态势。

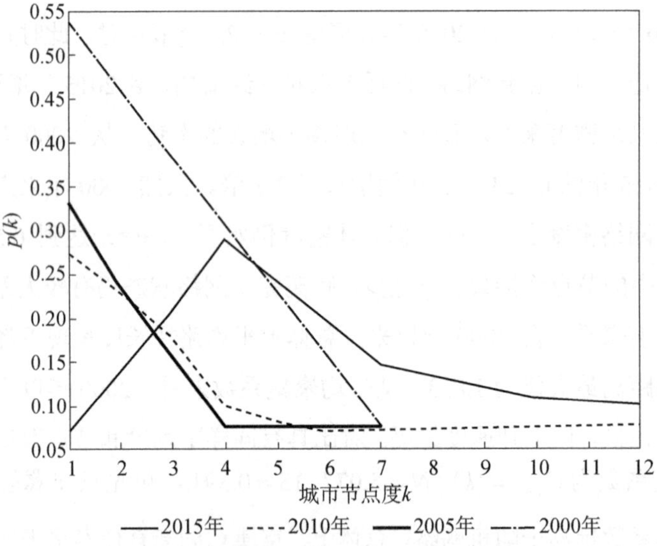


图 4-1　京津冀城市创新网络节点度分布

从点权分布来看，京津冀创新网络仍然表现出显著的长尾特征。我们用幂律函数对节点权分布进行了估计，结果如表 4-2 和图 4-2 所示。服从幂律分布的无标度网络是典型的非均匀网络（inhomogeneous network）或异质网络（heterogeneous network），当幂指数从小变大时，幂律网络从高度非均匀网络变化为高度均匀网络[36]。从模拟结果来看，2000 年以来，京津冀城市创新网络点权分布的幂指数 $\gamma$ 总体保持在 0.5 左右。可见虽然更多城市节点参与到京津冀创新网络中，但不同城市节点参与创新网络的深度仍存在较大差异，个别核心节点具有大量连接，区内创新合作参与度很高，而大多数末梢节点连接少，创新合作的参与深度不够，创新网络节点是高度非均匀的。

从京津冀创新合作网络的边权分布来看，整体上幂指数呈现显著的上升趋势，且高于点权分布幂函数指数。这说明城市间创新合作正在呈现多样化发展趋势，城市之间不断建立新的创新联系，开展更多的创新合作，合作的深度与强度在不断丰富和发展，创新合作仅局限于几条边的极化情况正在不断弱化。

**表 4-2　京津冀创新网络点权与边权分布幂律函数估计**

| 年份 | 点权分布 | | 边权分布 | |
|---|---|---|---|---|
| | 拟合函数 | 拟合优度 | 拟合函数 | 拟合优度 |
| 2000 | $p(s) \sim s^{-0.5029}$ | 0.6293 | $p(w) \sim w^{-0.4071}$ | 0.4028 |
| 2005 | $p(s) \sim s^{-0.2865}$ | 0.4615 | $p(w) \sim w^{-0.3897}$ | 0.3416 |
| 2010 | $p(s) \sim s^{-0.4914}$ | 0.8703 | $p(w) \sim w^{-0.7149}$ | 0.7403 |
| 2015 | $p(s) \sim s^{-0.5120}$ | 0.7044 | $p(w) \sim w^{-0.8607}$ | 0.7882 |

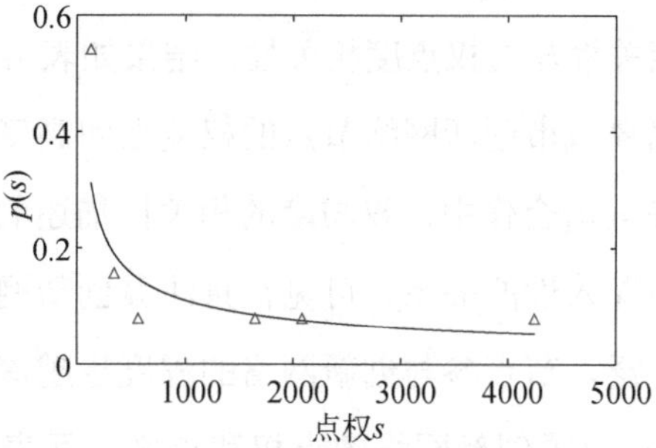


(a) 点权分布估计

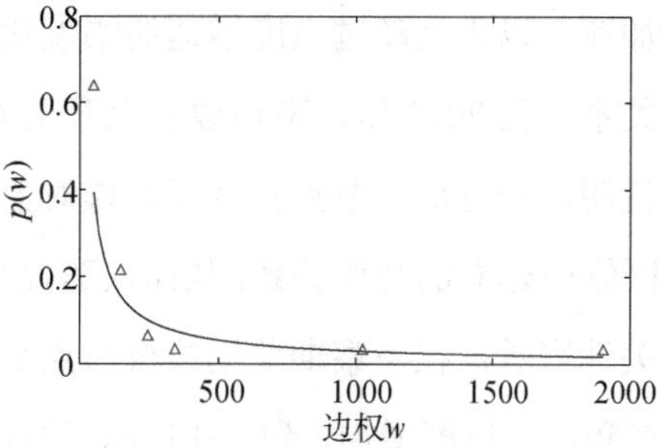


(b) 边权分布估计

图 4-2　2015 年京津冀城市创新网络点权与边权分布估计

这里我们再运用"蔡"结构熵[30]对2000年以来京津冀创新网络整体的异质性进行考察。研究发现，京津冀创新网络的结构熵整体呈现显著的上升态势（表4-3）。这说明自2000年以来，综合考虑城市节点和城市间合作关系的差异性，京津冀创新网络总体正趋于均衡化发展，网络的异质性在不断降低。

表4-3 京津冀创新网络结构熵演化

| 年份 | 2000 | 2005 | 2010 | 2015 |
| --- | --- | --- | --- | --- |
| 网络结构熵 | 0.5757 | 1.3316 | 1.7555 | 1.7515 |

## 三、创新合作网络的二阶统计特征

我们对京津冀创新网络的高阶拓扑特征进行了考察。对京津冀城市之间的度相关系数进行分析计算，结果显示城市节点之间的度相关性在统计上不显著，因此不能确认节点度存在相关性。进一步，我们考察京津冀创新网络节点权度相关性与边权点度相关性，结果如表4-4所示。从估计结果可以看到，京津冀城市创新网络节点的权度之间高度相关，相关系数保持在0.9左右。在创新合作中，权与度的相关性描述的是城市节点之间合作交流的广泛性与深入性的关系。可见在京津冀创新网络中，节点城市合作对象越多、越广泛，节点参与创新网络的程度也越深入。通过曲线拟合发现，2000年，京津冀创新网络的点权和点度之间表现为线性关系，其后，点权增速开始加速，以大大超过点度增速的幅度快速上升，权度之间开始表现出幂函数关系。至2015年，幂指数$\beta$上升至4.641（图4-3），幂函数关系显著。这说明，一旦城市节点拓展了合作对象范围，节点就会以更快的速度强化在网络中建立的合作关系，从而快速提高对网络的参与度。

从边权点度相关性来看，在考察期前期边权与点度相关性不显著。随着网络的发展，节点和连边逐渐增加，到2015年，边权与点度表现出显著的相关性（相关系数为0.2681，$p$为0.0295）。可见，节点度值越大，创新合作对象越多，与网络内其他城市建立的联系越多，其对应的连边的权重也更大，所建立的创新联系强度将不断提高。

**表 4-4　京津冀创新网络点权、点度关系估计**

| 年份 | 相关性 | | 关系拟合 | |
|---|---|---|---|---|
| | 点权点度相关系数 | $\beta$ 值 | 拟合函数 | 拟合优度 |
| 2000 | 0.8701 | 0.0001 | $s \sim k$ | 0.7572 |
| 2005 | 0.9722 | 0.0000 | $s \sim k^{1.254}$ | 0.9477 |
| 2010 | 0.9117 | 0.0000 | $s \sim k^{1.541}$ | 0.8299 |
| 2015 | 0.8700 | 0.0001 | $s \sim k^{4.641}$ | 0.9689 |

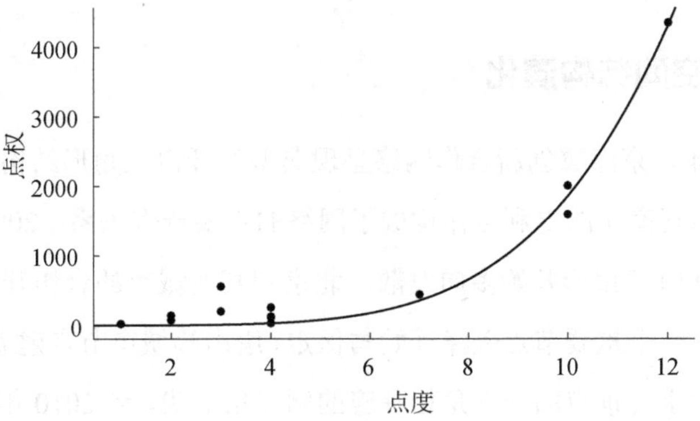


图 4-3　2015 年京津冀点权、点度相关性估计

局部聚集系数 $C(k)$ 定义为度 $k$ 的节点的邻居之间存在的平均边数与这些邻居之间存在的最大可能的边数的比值。研究表明，许多实际网络的局部聚集系数 $C(k)$ 具有幂律形式 $C(k) \sim k^{-\alpha} (\alpha > 0)$ [26]。我们对京津冀创新网络局部聚集系数的幂律函数形式进行了估计（表 4-5）。结果表明，京津冀创新网络局部聚集系数与节点度之间确实存在幂律函数关系，节点的度越高，聚集系数越低，网络体现出显著的层次性①。此外，自 2005 年以来，局部聚集系数 $C(k)$ 的幂指数 $\alpha$ 呈现下降趋势，体现出随着网络规模的扩张，出现更多新的城市节点和创新合作，相同度节点的聚集系数进一步增加，

① 局部聚集系数 $C(k)$ 的幂指数 $\alpha$ 又被称作“层次系数”[37]。

推动了网络中更多小群体的出现。

表 4-5　京津冀创新网络聚度相关性估计

| 年份 | 幂律函数 | 拟合优度 |
|---|---|---|
| 2005 | $C(k) \sim k^{-1.839}$ | 0.9923 |
| 2010 | $C(k) \sim k^{-0.9419}$ | 0.8791 |
| 2015 | $C(k) \sim k^{-0.6142}$ | 0.8043 |

## 第四节　京津冀创新合作网络的空间结构特征

### 一、空间结构演化

2000 年，京津冀创新合作网络呈现典型的开口三角形结构，北京和天津、北京和石家庄的专利合作构成了网络的主要合作关系。2005 年，围绕着北京的开口三角形开始多向发散，北京和其他城市的合作开始增多，同时网络的另一个重要节点天津开始与保定、唐山等城市节点建立合作关系，形成与以北京为顶点的正三角相呼应的倒三角形状。到 2010 年，北京与各城市的合作强度不断增加，天津与更多河北城市建立合作联系，石家庄也开始拓展与非核心节点的创新联系，与临近的保定、衡水和邢台等城市建立了创新合作联系，成为除了北京和天津之外区内的另外一个重要节点，至此以北京、天津、石家庄为核心节点的京津冀创新网络基本形成。随着网络的进一步发展，到 2015 年，节点和连边更加丰富，北京与其他城市的创新合作强度大幅增加，核心节点的地位不断增强；天津和石家庄与更多城市建立了专利合作关系，创新辐射范围不断扩大，其中石家庄作为河北省省会的资源聚集与辐射优势开始体现，与邻近城市保定、沧州和邢台的创新合作关系大幅增加，与区内非核心节点的联系超过天津，仅次于北京；此外非核心节点城市的联系开始增加，网络连边与创新合作关系进一步丰富，形成多城市积极参与协同发展的局面（图 4-4）。

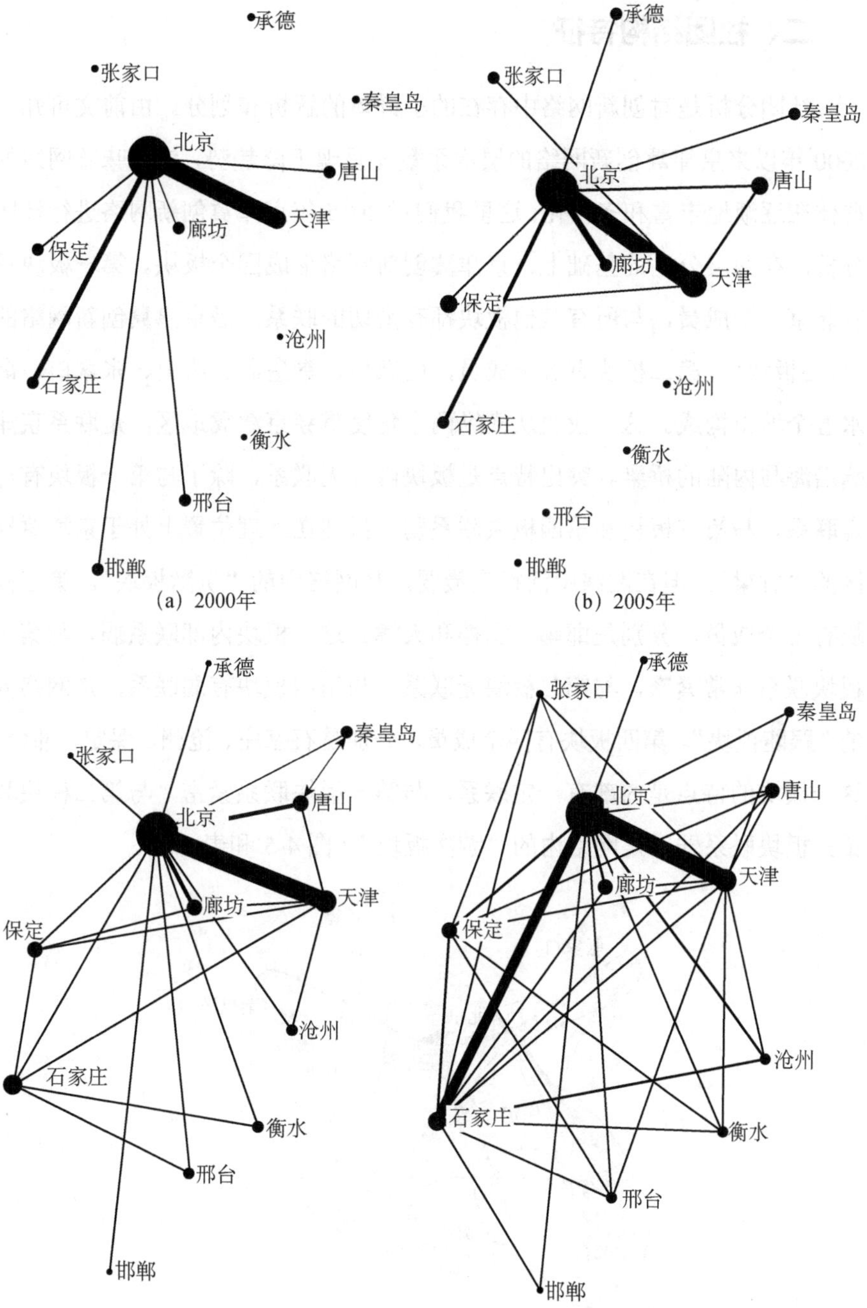


（a）2000年　（b）2005年

（c）2010年　（d）2015年

图 4-4　京津冀创新网络空间结构演变

## 二、社团结构特征

社团分析是对创新网络中存在的小群体的解析和划分。由前文可知，2000年以来京津冀创新网络的层次系数 $\alpha$ 呈现下降趋势，这意味着网络的群体在逐渐地丰富和多样化。这里我们对2015年京津冀创新网络进行社团分析。在两层分区的基础上，京津冀创新网络形成四个板块。第一板块只有北京一个成员，与所有其他板块都有密切的联系，是京津冀创新网络的“核心板块”。第二板块有五个成员，由廊坊、秦皇岛、唐山、张家口、衡水五个城市构成。这一板块从横纵两个角度贯穿京津冀地区，是联系京津冀沿海与内陆的桥梁。突出特点是板块内部无联系，除了与第一板块有一定联系，与第三板块和第四板块联系弱。虽然在地理位置上处于京津冀地区的“脊梁”，但在网络中活跃度最弱，是网络中的“沉默板块”。第三板块有三个成员，分别是邯郸、承德和天津。这一板块内部联系弱，与第一板块联系非常紧密，与第二板块无联系，与第四板块有弱联系，是网络内的“跟随板块”。第四板块有四个成员，分别是石家庄、沧州、保定、邢台。这一板块的特点是内部有一定联系，与第一板块联系紧密，与第二板块和第三板块联系弱，是网络内的“游离板块”（图4-5和表4-6）。

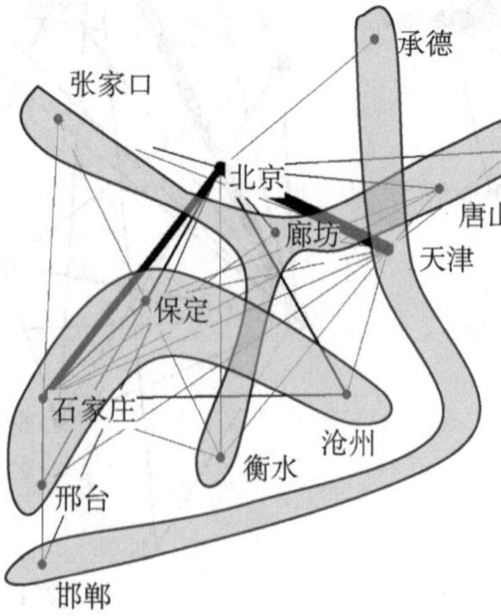


图4-5　京津冀创新网络社团结构

表 4-6 京津冀创新网络板块密度矩阵

| | 1 | 2 | 3 | 4 |
| --- | --- | --- | --- | --- |
| 1 | — | 101.60 | 701.33 | 436.50 |
| 2 | 101.60 | 0 | 1.33 | 0.50 |
| 3 | 701.33 | 1.33 | 0 | 3.83 |
| 4 | 436.50 | 0.5 | 3.83 | 87.00 |

## 第五节 本章小结

创新共同体的关键在于成员之间的合作、交流与协同，基于成员间的相互合作与交流形成共同体网络化的关系与结构，带动成员共同发展。本部分综合运用复杂网络与地理信息系统分析方法，分析京津冀地区 13 个城市间的创新合作网络拓扑和空间特征的演化过程与演化规律，研究发现如下几方面结论。

（1）京津冀地区城市群创新合作发展迅猛，网络不断完善，规模不断提升，但网络结构仍非常不完备。自 2000 年以来，京津冀地区城市间的专利合作数量、参与城市数量、节点对都大幅增加。然而京津冀创新网络密度较低，还有大量的城市之间没有建立创新联系和合作。自 2000 年以来，京津冀地区城市群创新合作网络平均路径长度呈现下降趋势，平均路径长度最大仅为 1.833。2000 年以后平均聚类系数上升很快，但上升速度趋缓，且远高于随机网络的平均聚类系数。总体上，京津冀创新合作网络平均路径长度短而平均聚类系数高，表现出明显的小世界网络特征。

（2）一阶统计特征分析表明，从度分布演化来看，京津冀创新网络表现出明显的从长尾分布向钟形分布转化的趋势，表明度分布极端不均衡的情况有所改变，趋于均匀发展态势。从点权分布来看，京津冀创新网络表现出显著的长尾特征，以幂率函数估计拟合良好，反映出不同城市节点参与创新网络的深度仍存在较大差异，创新网络节点是高度非均匀的。从边权分布估计来看，幂指数呈现显著的上升趋势，且高于点权分布幂函数指数，说明城市间创新合作正在呈现多样化发展趋势。京津冀创新网络的结构熵整体呈现显著的上升态势，网络的异质性在不断降低。

（3）二阶统计特征分析表明，城市节点之间的度相关性在统计上不显著，但节点的权度之间高度相关，节点城市合作对象越多越广泛，节点参与创新网络的程度也越深入。从边权点度相关性来看，2015 年，边权与点度表现出显著的相关性，节点度值越大，创新合作对象越多。京津冀创新网络局部聚集系数与节点度之间存在幂律函数关系，节点的度越高，聚集系数越低，网络体现出显著的层次性。

（4）从空间结构上看，依据城市之间合作关系的对等性，京津冀地区可以划分为核心板块、沉默板块、跟随板块和游离板块四个板块。核心板块成员为北京，是网络的最活跃的核心成员。沉默板块包括廊坊、秦皇岛、唐山、张家口、衡水，在网络中活跃度最低。跟随板块包括邯郸、承德和天津，与核心板块联系紧密，与其他板块联系弱。游离板块包括石家庄、沧州、保定、邢台，内部有一定联系，但与除核心板块以外的其他板块联系弱。

## 参考文献


[1] 陆天赞，吴志强，黄亮. 网络关系与空间组织：长三角与美国东北部城市群创新合作关系的比较分析[J]. 城市规划学刊，2016，(2)：35-44.

[2] 盖文启. 创新网络——区域经济发展新思维[M]. 北京：北京大学出版社，2002.

[3] O'Doherty D. Networking in Ireland-Policy responses//Sustaining Competitive Advantage，Proceedings of National Economic and Social Council（NESC）Seminar[M]. Dublin：NESC，1998：89-115.

[4] Forfas. Innovation networks[R]. Dublin：Forfas，2004.

[5] 高霞，陈凯华. 合作创新网络结构演化特征的复杂网络分析[J]. 科研管理，2015，36（06）：28-36.

[6] 刘国巍. 产学研合作创新网络时空演化模型及实证研究——基于广西 2000—2013 年

的专利数据分析[J]. 科学学与科学技术管理，2015，36（04）：64-74.
[7] 汪涛，Stefan HENNEMANN，Ingo LIEFNER，等. 知识网络空间结构演化及对NIS建设的启示——以我国生物技术知识为例[J]. 地理研究，2011，30（10）：1861-1872.
[8] 吕国庆，曾刚，郭金龙. 长三角装备制造业产学研创新网络体系的演化分析[J]. 地理科学，2014，34（09）：1051-1059.
[9] 李丹丹，汪涛，魏也华，等. 中国城市尺度科学知识网络与技术知识网络结构的时空复杂性[J]. 地理研究，2015，34（03）：525-540.
[10] 吕拉昌，梁政骥，黄茹. 中国主要城市间的创新联系研究[J]. 地理科学，2015，35（01）：30-37.
[11] 吕国庆，曾刚，顾娜娜. 基于地理邻近与社会邻近的创新网络动态演化分析——以我国装备制造业为例[J]. 中国软科学，2014，（05）：97-106.
[12] 李琳，王晓峰. 地理邻近与认知邻近对高新区创新绩效的影响——基于社会网络分析[J]. 华东经济管理，2014，28（11）：32-37.
[13] 牛欣，陈向东. 城市间创新联系及创新网络空间结构研究[J]. 管理学报，2013，10（04）：575-582.
[14] 金钟范，张广. 中国城市科技创新网络结构特点研究——基于高水平论文合作网络的分析[J]. 城市与环境研究，2016，01：29-48.
[15] 李建成，王庆喜，唐根年. 长三角城市群科学知识网络动态演化分析[J]. 科学学研究，2017，35（02）：189-197.
[16] 陆天赞. 长三角城市创新协作关系的社会网络、空间组织及演进——基于专利合作数[J]. 中国名城，2015，8（10）：61-68.
[17] 胡晓辉，杜德斌，龚利. 长三角区域知识合作网络演化的空间特征[J]. 地域研究与开发，2012，31（06）：22-27.
[18] 姜珂，于涛. 长三角区域城市间知识网络特征研究——基于论文合作的视角. 地域研究与开发，2017，36（01）：49-54.
[19] 初大智，朱舟，江俊杰. 珠江三角洲城市间科学合作网络动态分析[J]. 特区经济，2014，（12）：61-63.
[20] 毛汉英. 京津冀协同发展的机制创新与区域政策研究[J]. 地理科学进展，2017，36（1）：2-14.
[21] 刘辉，申玉铭，孟丹，等. 基于交通可达性的京津冀城市网络集中性及空间结构研究[J]. 经济地理，2013，33（08）：37-45.
[22] 崔晶. 京津冀都市圈地方政府协作治理的社会网络分析[J]. 公共管理与政策评论，

2015，4（03）：35-46.

[23] 赵渺希，魏冀明，吴康. 京津冀城市群的功能联系及其复杂网络演化[J]. 城市规划学刊，2014，(01)：46-52.

[24] 方嘉雯，刘海猛. 京津冀城市群创业风险投资的时空分布特征及影响机制[J]. 地理科学进展，2017，36（1）：68-77.

[25] 周密，孙浬阳. 专利权转移、空间网络与京津冀协同创新研究[J]. 科学学研究，2016，34（11）：1736-1760.

[26] 何大韧，刘宗华，汪秉宏. 复杂系统与复杂网络[M]. 北京：高等教育出版社，2009.

[27] Newman M E J. Assortative mixing in networks[J]. Physical Review Letters，2002，89（20）：208701.

[28] Newman M E J. Mixing patterns in networks[J]. Physical Review E，2003，67（2）：026126.

[29] Leung C C，Chau H F. Weighted assortative and disassortative networks model[J]. Statistical Mechanics and its Applications，2007，378（2）：591-602.

[30] 蔡萌，杜海峰，任义科，等. 一种基于点和边差异性的网络结构熵[J]. 物理学报，2011，60（11）：157-165.

[31] 罗鹏，李永立，吴冲. 利用网络结构熵研究复杂网络的演化规律[J]. 复杂系统与复杂性科学，2013，10（04）：62-68.

[32] 郭世泽，陆哲明. 复杂网络基础理论[M]. 北京：科学出版社，2012.

[33] White H C，Boorman S A，Breiger R L. Social structure from multiple networks. Ⅰ. blockmodels of roles and positions[J]. American Journal of Sociology，1976，81：730-780.

[34] Eslami H，Ebadi A，Schiffauerova A. Effect of collaboration network structure on knowledge creation and technological performance：The case of biotechnology in Canada[J]. Scientometrics，2013，97（1）：99-119.

[35] Watts D J，Strogatz S H. Collective dynamics of “small-world” networks[J]. Nature，1998，393（6684）：440-442.

[36] Albert R，Barabási A L. Statistical mechanics of complex networks. Reviews of Modern Physics，2002，74（1）：47-97.

[37] Ravasz E，Barabasi A L. Hierarchical organization in complex networks[J]. Physical Review E，2003，67：026112.

# 第五章 京津冀创新共同体的区域差异

纵观全球，在以互联网技术和新能源技术为代表的新科技革命的推动下，为了确保长期繁荣发展，所有区域都在加快推进地区经济的转型与更新。与此同时，科学问题日趋复杂，创新过程中需要投入的经费和人员不断增加，创新面临的风险和不确定性在不断提升，创新专业化分工趋势也越来越明显。创新合作有助于实现主体间优势互补、成本与风险分担、资源与成果共享，已成为应对新一轮科技革命挑战、抢占科技发展制高点、提高区域创新竞争力的重要举措。

创新共同体以创新合作为主要形式推动成员间建立更紧密的创新联系，从而推动区域协同发展。创新共同体是发展共同体，在共同体理念和目标的基础上追求共同利益和整体利益，从而实现个体发展和共同发展。创新共同体的成员在竞争中合作，在合作中共赢，成员之间存在着“荣损与共”、利益相连的“连带效应”。创新共同体的核心是要以共同学习、创新合作为纽带实现共同体发展。创新共同体正是基于共同目标，通过共同学习和创新合作实现优势互补、共同发展。

创新共同体的成员在创新合作中的作用和表现存在差异。创新共同体具有多元参与主体和开放组织格局，强调并承认共同体内成员的异质性。没有多元参与主体，没有参与成员在创新链环节、产业领域、知识基础和创新能力的差异，就没有成员之间联系和合作的必要，也就失去了创新共同体的整体性。然而成员的异质性往往会导致成员在创新合作表现中的差异性。客观地认识创新共同体成员在创新合作中的特点与差异，有助于深刻把握创新共同体发展态势，准确认识各成员在创新共同体中的作用与地位，从而制定更有针对性的政策以激励创新合作，推动区域的创新协同与共同发展。

本部分基于社会网络和泰尔指数分析方法，运用城市间创新合作数据，研究自2000年以来京津冀创新合作的发展演化过程，考察伴随着经济发展不同区域和城市参与创新合作的变化，分析京津冀创新共同体成员在创新合作中的发展历程、特定作用以及京津冀创新共同体的区域差异。

# 第一节　文献回顾

Chaminade 等、Strambach 和 Klement、Bouba-Olga 等、Crescenzi 等对创新合作的空间特征进行了研究[1-4]，比较共通的结论是空间邻近是影响创新合作的重要因素，区域仍然是创新合作的基本空间单元，尤其是经济规模大、科技活动多的大都市区。近年来，城市间的创新联系一直是创新研究的热点。Breschi 和 Lenzi、陆天赞等、Nabeshima 等分别以美国城市、美国东部城市群以及东亚都市区为例，研究了创新合作的特点及发展演化历程，从不同角度总结了城市群创新合作的阶段性和空间组织特征，为区域层面创新合作研究提供了新的思路[5-7]。

相对于国外，国内对城市群创新合作的研究起步较晚。但随着中国城市群建设步伐加快，围绕大城市形成的城市群成为中国经济发展的重要空间载体，创新合作在城市群内的合理分工对于推进城市群空间协同和一体化发展具有非常重要的推动作用，国内越来越多的学者开始对城市群的创新合作、空间分布与区域差异展开研究。其中长江三角洲城市群作为中国经济最具活力、开放程度最高、创新能力最强的区域之一，相关研究最密集和深入。周灿等、陆天赞等、胡艳和时浩楠以长江三角洲城市群为例，运用专利申请和专利合作数据对城市群内创新联系和创新合作结构与特征进行了研究[8-10]，研究发现长江三角洲城市群创新联系网络密度较高，创新关联现象较为普遍，但区域内各城市创新合作的参与度与创新合作模式各异。

在对京津冀地区的研究方面，周密和孙浬阳运用 2002～2014 年京津冀地区 13 个城市间的专利权转移数据研究发现专利转移网络的协同关系和空间结构推动了区域协同创新网络形成，并固化了不同城市在网络中的协同角色与创新位置[11]。苏文松和方创琳基于对京津冀地区城市群高科技园区空间分布、产业规划和合作共建等现状的分析，总结了五类高科技园区协同发展动力机制与三类合作共建模式[12]。虽然对京津冀地区创新合作的研究正日趋丰富，但研究方法上多计量模型和引力模型为主，运用社会网络分析方法较少，在数据上，大多基于统计数据或者企业分支机构数据，运用专利合作数据的较少，聚焦于内部区域差异的研究更是鲜见。

## 第二节 研究方法与数据来源

### 一、社会网络分析

#### 1. 节点度

节点度定义为节点的邻边数，在创新合作中表示与该城市有创新联系的城市数量，表征的是城市在创新网络中的参与程度。具体公式为

$$k_i = \sum_{j=1}^{N} a_{ij} \tag{5-1}$$

式中，$a_{ij}$ 为网络中节点 $i$ 的邻接矩阵元，若节点 $i$ 与节点 $j$ 邻接，则 $a_{ij}=1$；否则 $a_{ij}=0$。

网络平均度定义为

$$\langle k \rangle = \langle k_i \rangle = \frac{1}{N}\sum_{i=1}^{N} k_i \tag{5-2}$$

#### 2. 加权度

加权度定义为与节点有联系的边权之和，在创新合作中表示该城市与其他所有城市合作的频次总和。具体公式为

$$s_i = \sum_{j=1}^{N} b_{ij} \tag{5-3}$$

式中，$b_{ij}$ 为节点 $i$ 与节点 $j$ 邻接边的权。

网络加权平均度定义为

$$\langle s\rangle = \langle s_i\rangle = \frac{1}{N}\sum_{i=1}^{N} s_i \tag{5-4}$$

### 3. 网络密度

网络密度衡量的是网络成员间联系的紧密程度。网络中，密度越大表明网络成员的联系越紧密。在城市创新合作网络中，密度越大，表示城市节点之间的创新合作活跃，创新联系越紧密，网络对个体节点创新行为与能力的影响也越大。具体公式为

$$d = \frac{\sum_{i=1}^{k}\sum_{j=1}^{k} l(n_i, n_j)}{N(N-1)} \tag{5-5}$$

式中，$l(n_i, n_j)$ 为节点 $i$ 与 $j$ 之间连边的数量。

## 二、泰尔指数分析

泰尔指数（Theil index）作为分析区域差异的一个重要工具，具有良好的分解性质，不仅可以衡量总差距，还可以精准度量区域内的差距和区域间的差距，因此获得广泛应用。泰尔指数值越低，说明区域差异性越小。本部分利用泰尔指数对京津冀创新共同体城市参与创新合作的参与度与活跃度进行研究，不仅可以分析所有城市的总体参与情况，还可以分析不同分区模式下各子区域内及子区域间差异对总体均衡性的贡献率。泰尔指数的计算公式为

$$T = \sum_{i=1}^{n} \frac{L_i}{L} \ln\left(\frac{L_i / L}{X_i / X}\right) \tag{5-6}$$

式中，$L$ 为衡量区域差异所用的指标，在本书中为城市的节点度和加权度；$X$ 为对应城市的地区生产总值。

进一步，泰尔指数分解为区域内差异和区域间差异为

$$T = T_b + T_w \tag{5-7}$$

$$T_w = \sum_{j=1}^{m} \frac{L_j}{L} T_{wj} = \sum_{j=1}^{m} \frac{L_i}{L} \sum_{i=1}^{n_j} \frac{L_{ij}}{L_i} \ln(\frac{L_{ij} / L_j}{X_{ij} / X_j}) \tag{5-8}$$

$$T_b = \sum_{j=1}^{m} \frac{L_j}{L} \ln(\frac{L_j / L}{X_j / X}) \tag{5-9}$$

式中，$T_w$ 为区域内泰尔指数；$T_b$ 为区域间泰尔指数；$T_{wj}$ 表示 $j$ 区域泰尔指数；$m$ 为区域总数；$n_j$ 为 $j$ 区域城市总数。

泰尔指数还可以进行贡献率分析，贡献率分解为区域内贡献率 $W_w$ 和区域间贡献率 $W_b$，$W_j$ 为 $j$ 城市贡献率。

$$W_b = T_b / T \tag{5-10}$$

$$W_w = T_w / T \tag{5-11}$$

$$W_j = \frac{E_j}{E} \times \frac{T_{wj}}{T} \tag{5-12}$$

### 三、数据来源

本部分采用 2000 年、2005 年、2010 年、2015 年专利联合申请数据来表征京津冀地区 13 个城市之间的创新网络与合作关系，数据来源同第 4 章。

## 第三节　创新合作网络的演化过程

本部分基于社会网络分析方法分析京津冀地区专利合作网络的发展演化过程，考察创新网络的总体特征、城市节点的特征与其在创新合作网络中的特定作用。

### 一、总体特征

平均度和加权平均度指的是节点的平均合作对象（合作关系）数量和节点的平均合作频次，从创新合作的广度和深度两个角度衡量了网络中节点的参与度与活跃度。2000 年以来，节点平均度显著上升，说明节点的平均合作对象数量大幅增加，节点之间建立了更多从无到有的合作关系，节点的合作网络参与度在提高。从平均度的标准差和变异系数来看，虽然标准差持续上升，但变异系数保持着持续下降的态势，这意味着基于合作对象和参与度衡量的节点之间的异质性在不断下降，网络中合作集中于部分节点的极化现象在弱化。此外，节点的加权平均度提升幅度更加显著，说明参与节点之间的合作频次在提升，节点之间的合作关系正在不断深化，网络中的节点越来越活跃。从加权平均度的标准差和变异系数来看，随着标准差大幅上升，变异系数呈现下降、上升、再下降的复杂局面。结合历史发展和横向比较来看，加权平均度变异系数波幅略有收窄，但值域大大超过平均度变异系数。这意味着虽然城市建立了更多边的创新联系，但创新合作的深度差异仍然较大，部分城市合作伙伴多，合作频次高，参与合作的广度和深度都比较高，还有部分城市虽然也保持了较多的合作伙伴关系，但合作频次较低，合作深度不够（表 5-1）。

**表 5-1　京津冀地区专利合作网络总体特征**

| | 2000 年 | 2005 年 | 2010 年 | 2015 年 |
|---|---|---|---|---|
| 平均度 | 1.077 | 1.538 | 3.385 | 5.077 |
| 平均度标准差 | 1.774 | 1.906 | 2.897 | 3.385 |
| 平均度变异系数/% | 164.72 | 123.93 | 85.58 | 66.67 |
| 加权平均度 | 4.308 | 7.692 | 59.692 | 762.462 |
| 加权平均度标准差 | 8.156 | 12.002 | 103.414 | 1198.491 |
| 加权平均度变异系数/% | 189.32 | 156.03 | 173.25 | 157.19 |

## 二、节点特征

本节对 2000～2015 年京津冀地区专利合作网络节点的特征进行了分

析（表 5-2）。这里主要分析节点度和节点加权度的历史变化。从节点度的演化来看，15 年间，所有城市的节点度都有不同程度的提高。其中，天津和石家庄的节点度增长幅度最大，从 2000 年的 1 上升到 2015 年的 10。其次是保定，从 1 上升到 7。所有城市中，上升幅度最小的是承德，到 2015 年也只与北京有合作联系。其次是秦皇岛和邯郸，只与两个核心城市有联系，其中与秦皇岛有创新联系的是北京和天津，与邯郸有创新联系的是北京和石家庄。

**表 5-2　京津冀地区专利合作网络节点特征**

| 城市 | 2000 年 | | | 2005 年 | | | 2010 年 | | | 2015 年 | | |
|---|---|---|---|---|---|---|---|---|---|---|---|---|
| | 度 | 加权度 | 介中心度 | 度 | 加权度 | 介中心度 | 度 | 加权度 | 介中心度 | 度 | 加权度 | 介中心度 |
| 北京 | 7 | 28 | 21 | 7 | 42 | 22.5 | 12 | 343 | 48.83 | 12 | 4358 | 25.17 |
| 天津 | 1 | 17 | 0 | 4 | 26 | 7.5 | 6 | 249 | 3.83 | 10 | 2008 | 9.17 |
| 石家庄 | 1 | 5 | 0 | 1 | 5 | 0 | 5 | 27 | 2.5 | 10 | 1595 | 9.17 |
| 承德 | 0 | 0 | 0 | 1 | 1 | 0 | 1 | 1 | 0 | 1 | 21 | 0 |
| 张家口 | 0 | 0 | 0 | 1 | 1 | 0 | 1 | 1 | 0 | 4 | 124 | 0 |
| 秦皇岛 | 0 | 0 | 0 | 1 | 3 | 0 | 2 | 11 | 0 | 2 | 75 | 0 |
| 唐山 | 1 | 1 | 0 | 2 | 7 | 0 | 3 | 47 | 0.5 | 4 | 111 | 0 |
| 廊坊 | 1 | 2 | 0 | 1 | 9 | 0 | 3 | 43 | 0 | 3 | 199 | 0 |
| 保定 | 1 | 1 | 0 | 2 | 6 | 0 | 4 | 16 | 0.33 | 7 | 441 | 1.5 |
| 沧州 | 0 | 0 | 0 | 0 | 0 | 0 | 2 | 20 | 0 | 3 | 556 | 0 |
| 衡水 | 0 | 0 | 0 | 0 | 0 | 0 | 2 | 7 | 0 | 4 | 29 | 0 |
| 邯郸 | 1 | 1 | 0 | 0 | 0 | 0 | 1 | 2 | 0 | 2 | 141 | 0 |
| 邢台 | 1 | 1 | 0 | 0 | 0 | 0 | 2 | 9 | 0 | 4 | 254 | 0 |

从节点加权度的演化来看，所有城市的加权度都得到了大幅度的增长。其中沧州的加权度增长速度最快，15 年间从 0 上升到 556，其次是保定，从 1 上升到 441。石家庄的增长速度也非常快，从 2000 年的 5 上升到 2015

年的1595，15年间上升了318倍。增长幅度较小的是承德和衡水，其中承德从2000年的0上升到2015年的21，衡水从2000年的0上升到2015年的29。

对京津冀地区专利合作数据进行社会网络的核心–边缘结构分析（表5-3）发现，2000年以来，北京和天津持续保持着京津冀地区的核心城市地位，是网络中参与度和活跃度最高的核心节点。但两个城市在网络中的表现并不相同。北京的合作对象和合作频次都是全网最高的，且合作频次分布相对均衡，2015年与河北11个城市合作频次占北京市总量的55.23，是京津冀地区名副其实的核心，具有强大的网络影响力和对外辐射能力。天津虽然与区内多个城市建立了创新联系，但与除北京以外其他城市的合作频次不高，2015年与除北京外城市的创新合作频次仅占其总量的2.84%，创新辐射不够，没有充分发挥出核心节点的带动作用。在其他非核心节点城市中，石家庄作为河北省省会，合作伙伴较多，在网络中的参与度较高，但创新辐射范围小，66.8%的创新合作聚焦于北京，除此以外主要合作关系局限于地理上临近的保定、沧州和邢台，对其他河北城市辐射不够，总体上扮演了局部创新合作“协调者”的角色。其他非核心城市虽然节点度和节点加权度都有快速增长，但合作对象主要围绕着两个核心节点城市和“协调者”石家庄，彼此之间的合作联系少，合作频次较低。除保定和唐山，其他城市介中心度都为0，不具备创新网络中的协调功能。

**表5-3　京津冀地区核心–边缘结构密度矩阵**

| | 2000年 | | 2005年 | | 2010年 | | 2015年 | |
|---|---|---|---|---|---|---|---|---|
| | 1 | 2 | 1 | 2 | 1 | 2 | 1 | 2 |
| 1 | 17.00 | 0.50 | 18.00 | 1.46 | 216.00 | 7.27 | 1951.00 | 112.00 |
| 2 | 0.50 | 0 | 1.46 | 0 | 7.27 | 0.22 | 112.00 | 9.84 |

注：1为核心区域，包括北京、天津；2为边缘区域，包括区内其他城市。

## 第四节　创新合作网络的区域差异

本部分运用泰尔指数来进一步分析京津冀地区各城市参与区域创新合作的差异性。为了能够深入地了解不同城市和子区域在参与创新合作中的演化特征，本书采用两种不同的分区模式进行对比分析，一种是二分区模式，即前文的核心-边缘结构分析中的两个子区域模式——京津、河北。另一种是四分区模式，即基于《京津冀协同发展规划纲要》中对京津冀地区的分区模式——中部核心功能区、东部滨海发展区、南部功能拓展区、西北部生态涵养区。基于创新合作与经济增长的同步性，从参与度（节点平均度）和活跃度（节点加权平均度）两个角度分析两种分区模式下不同城市和地区参与创新合作的差异。

### 一、总体水平

从图 5-1 可知，在考察初期 2000 年，平均度泰尔指数 $T_1$ 和加权平均度泰尔指数 $T_2$ 都比较高，均超过了 0.30，到 2015 年，仍然高于 0.15，反映出 13 个城市在创新合作参与度和活跃度上的较大差异。2000 年后，伴随着京津冀地区城市的经济发展，平均度泰尔指数 $T_1$ 和加权平均度泰尔指数 $T_2$ 呈现下降态势，体现出京津冀地区创新合作的发展与经济增长逐渐趋于同步，伴随着经济发展，城市间创新合作的区域差异性在不断下降。2010～2015 年，平均度泰尔指数 $T_1$ 有小幅上扬，这主要是由于石家庄、保定、衡水、邢台四个城市创新合作对象显著增多，带动节点度大幅度上升，从而在一定程度上加剧了区域分化。

在前述网络分析中加权平均度分布的变异系数显示出波动的状态，但在考虑了节点城市的经济发展水平之后，加权平均度泰尔指数 $T_2$ 呈现显著的单调下降趋势（图 5-1），体现出城市在创新合作中的活跃度差异正在逐渐缩小，城市参与创新合作的频次与城市经济增长正在表现更高的同步性。总体上，加权平均度泰尔指数 $T_2$ 低于平均度泰尔指数 $T_1$，这也从一个侧面说明，相比参与度，城市在创新网络中的活跃度与城市的经济发展水平相似性程度更高，具有更高的匹配性。

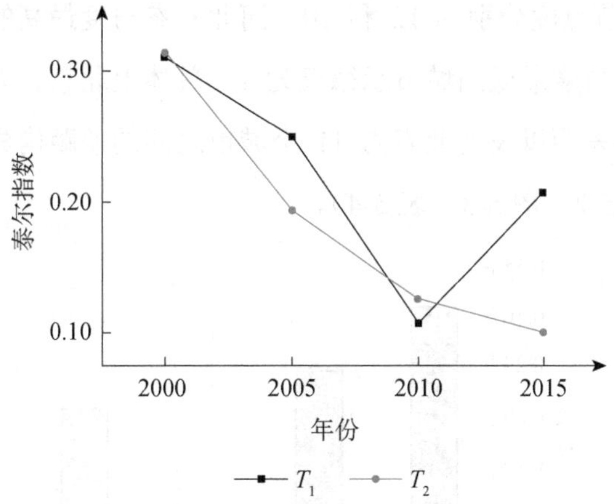


图 5-1　京津冀创新网络平均度与加权平均度泰尔指数

## 二、二分区模式

在二分区模式下，2000 年以来，整体上平均度的区域间差异在上升，区域内的差异在下降。15 年间，区域间差距的来源发生了变化。2000～2010 年，区域间差距主要来自核心区域，北京、天津双城创新合作伙伴的增加速度显著快于城市经济增长速度，也快于边缘地区。但在 2000 年以后，河北省 11 个城市创新合作伙伴开始显著增加，其增速快于经济增长水平，成为该时期区域间差距的主要来源。伴随核心区与边缘区之间创新合作参与度差异的扩大，核心区内部和边缘区内部趋同：天津在区内的合作伙伴越来越多，直追北京；而河北的张家口、邢台、衡水等城市早期创新合作参与度低，随着经济发展，创新合作伙伴快速增多，参与度快速提高，从而带动了参与度区内差距的下降。但总体上边缘区内城市的合作伙伴相对单一，主要局限于北京、天津、石家庄三市。

从构成上看，虽然2000年以来边缘区泰尔指数整体处于下降态势，但通过横向对比可以看到，边缘区泰尔指数远超核心区泰尔指数。2015年边缘区泰尔指数占总泰尔指数比达到 47.1%。相较于北京、天津双城在创新网络中的参与度差异，河北的11个城市之间差异更大，分化显著。2015年北京和天津的节点度分别为 12 和 10；河北省参与度最高的城市石家庄节点度为 10，参与度最低的城市承德仅为 1。总体上北京、天津双城与河北 11 城市之间的差距以及河北省内 11 个城市之间的差距构成了区域差距的主要来源（图5-2、图5-3、表5-4）。

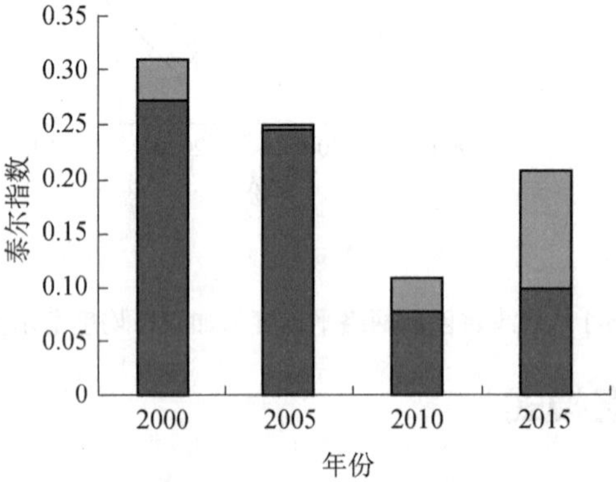


(a) 平均度泰尔指数

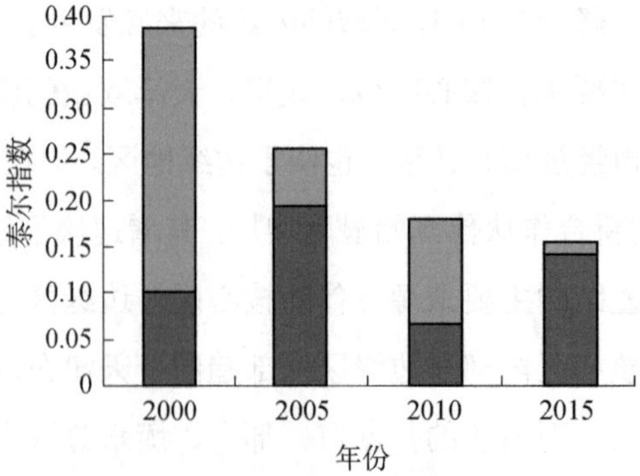


(b) 加权平均度泰尔指数

图5-2　二分区模式下京津冀地区泰尔指数区域分解

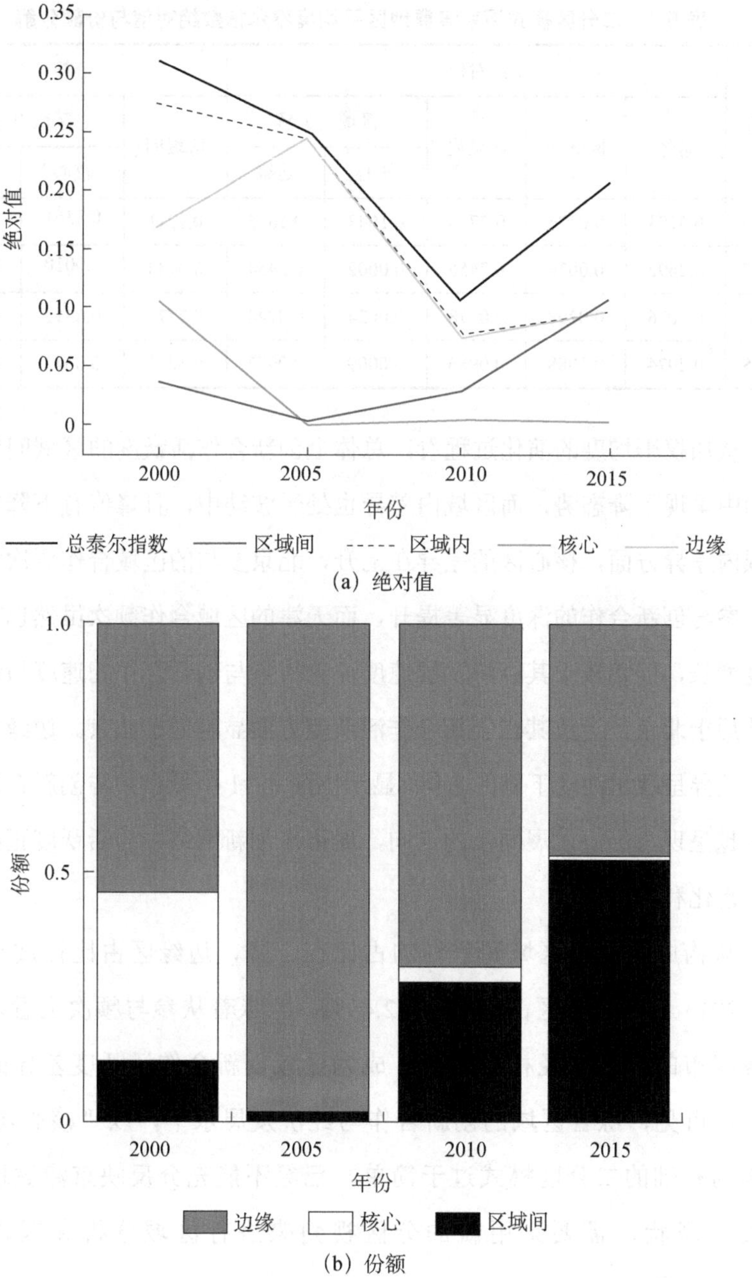


图 5-3 二分区模式下京津冀地区平均度泰尔指数绝对值与份额分解

**表 5-4 二分区模式下京津冀地区平均度泰尔指数绝对值与份额分解**

| 年份 | 绝对值 | | | | | 份额 | | |
|---|---|---|---|---|---|---|---|---|
| | 总体 | 区域间 | 区域内 | 区域内分解 | | 区域间 | 区域内分解 | |
| | | | | 核心 | 边缘 | | 核心 | 边缘 |
| 2000 | 0.3103 | 0.0376 | 0.2728 | 0.1043 | 0.1685 | 0.1211 | 0.3361 | 0.5428 |
| 2005 | 0.2492 | 0.0036 | 0.2456 | 0.0002 | 0.2454 | 0.0144 | 0.0010 | 0.9846 |
| 2010 | 0.1076 | 0.0298 | 0.0778 | 0.0034 | 0.0744 | 0.2771 | 0.0312 | 0.6917 |
| 2015 | 0.2074 | 0.1088 | 0.0986 | 0.0009 | 0.0977 | 0.5247 | 0.0043 | 0.4710 |

从加权平均度的演化过程看，总体上创新合作活跃度的区域间差异在波动中呈现下降态势，而区域内差异也处于波动中，且峰值有下降态势。区域内差异方面，核心区的差异在上升，北京参与的区域合作频次大幅提升，参与创新合作的深度显著提升，而天津的区域合作频次虽然也有较大幅度增长，但相较于其经济发展速度，天津参与创新合作的速度与步伐显著落后于北京，导致其在创新合作活跃度方面显著低于北京。边缘区内活跃度差异呈现出波动下降的态势，显示出河北 11 个城市参与创新合作频次越来越呈现与经济发展同步的走向，城市在创新网络中的活跃度正在呈现出丰富化和多样化。

从构成上看，区域间差异的占比在下降，边缘区占比在波动中上升，2015 年，边缘区占比高达 82.49%，意味着从参与频次上看，河北省各城市的分化已经相当显著，成为区域创新合作活跃度差异的主要来源。可见，综合区域的创新合作与经济发展水平，以“核心-边缘”结构为基础的二分区模式过于简单，已经不能充分反映京津冀地区创新发展现状，需要采用新的分区视角来进行区域分析和区域规划（图 5-4、表 5-5）。

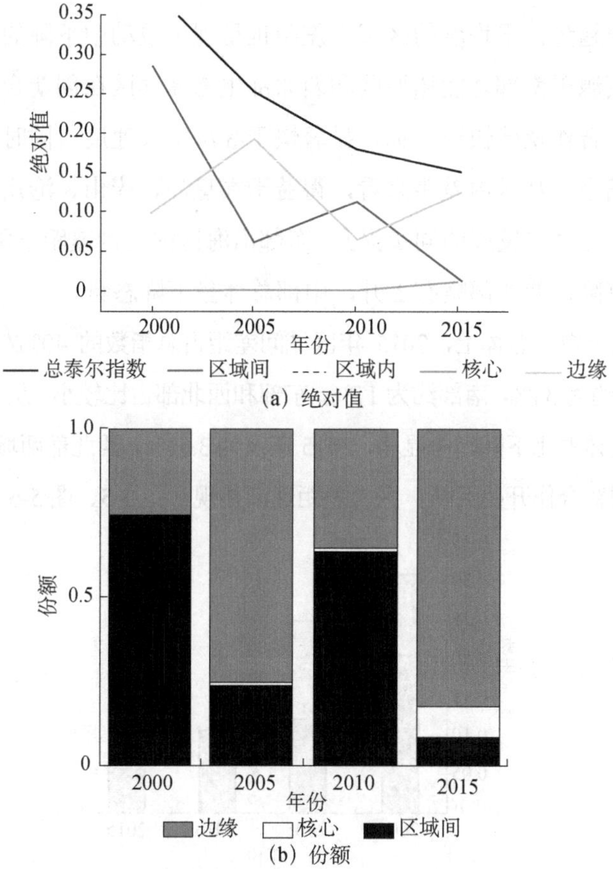


图 5-4 二分区模式下京津冀地区加权平均度泰尔指数绝对值与份额分解

**表 5-5 二分区模式下京津冀地区加权平均度泰尔指数绝对值与份额分解**

| 年份 | 绝对值 | | | | | 份额 | | |
|---|---|---|---|---|---|---|---|---|
| | 总体 | 区域间 | 区域内 | 区域内分解 | | 区域间 | 区域内分解 | |
| | | | | 核心 | 边缘 | | 核心 | 边缘 |
| 2000 | 0.3856 | 0.2860 | 0.0996 | 0.0007 | 0.0989 | 0.7417 | 0.0018 | 0.2565 |
| 2005 | 0.2540 | 0.0609 | 0.1931 | 0.0016 | 0.1915 | 0.2397 | 0.0063 | 0.7540 |
| 2010 | 0.1801 | 0.1147 | 0.0654 | 0.0010 | 0.0643 | 0.6371 | 0.0057 | 0.3573 |
| 2015 | 0.1525 | 0.0123 | 0.1401 | 0.0144 | 0.1258 | 0.0809 | 0.0942 | 0.8249 |

## 三、四分区模式

在四分区模式下，平均度的区域间差异总体上在一定的区间波动，且波幅有收窄趋势。平均度的区域内差距也呈现出波动中下降的态势。区域间差异主要源于南部功能拓展区和西北部生态涵养区在创新合作上的良好表现，创新合作伙伴快速增加，显著快于经济增长速度，同时带动了区域间差距的缩小。从区内差距来看，得益于秦皇岛、唐山、沧州三城市创新合作参与度与经济发展的同步提升，东部沿海区的区内差距下降最为显著。南部稳中有降，西北部略有上升，中部总体呈下降态势。

从构成上看，总体上，2015 年区域间差距占总指数的 40%左右，区内差距中，中部约为 34%，南部约为 17%，东部和西北部占比较小。从发展过程看，东部区内差异占比下降趋势显著，2015 年仅为 3.51%，西北部两城市随着经济发展参与创新合作开始活跃，区内差距逐渐显现（图 5-5、图 5-6、表 5-6）。

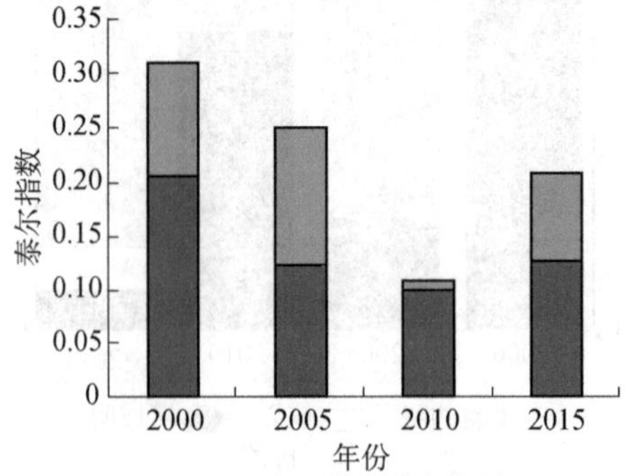


（a）平均度泰尔指数

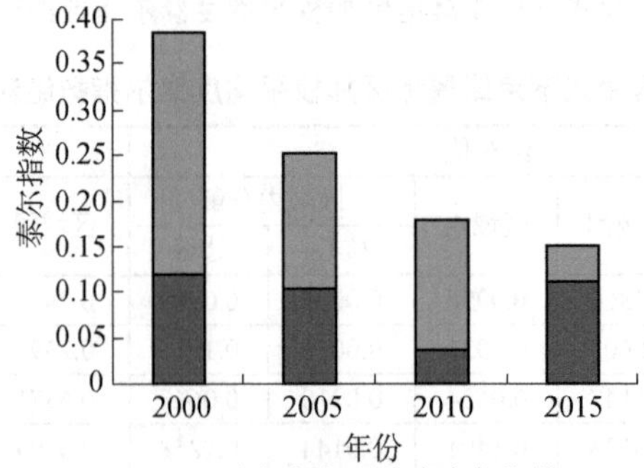


（b）加权平均度泰尔指数

图 5-5　四分区模式下京津冀地区泰尔指数区域分解

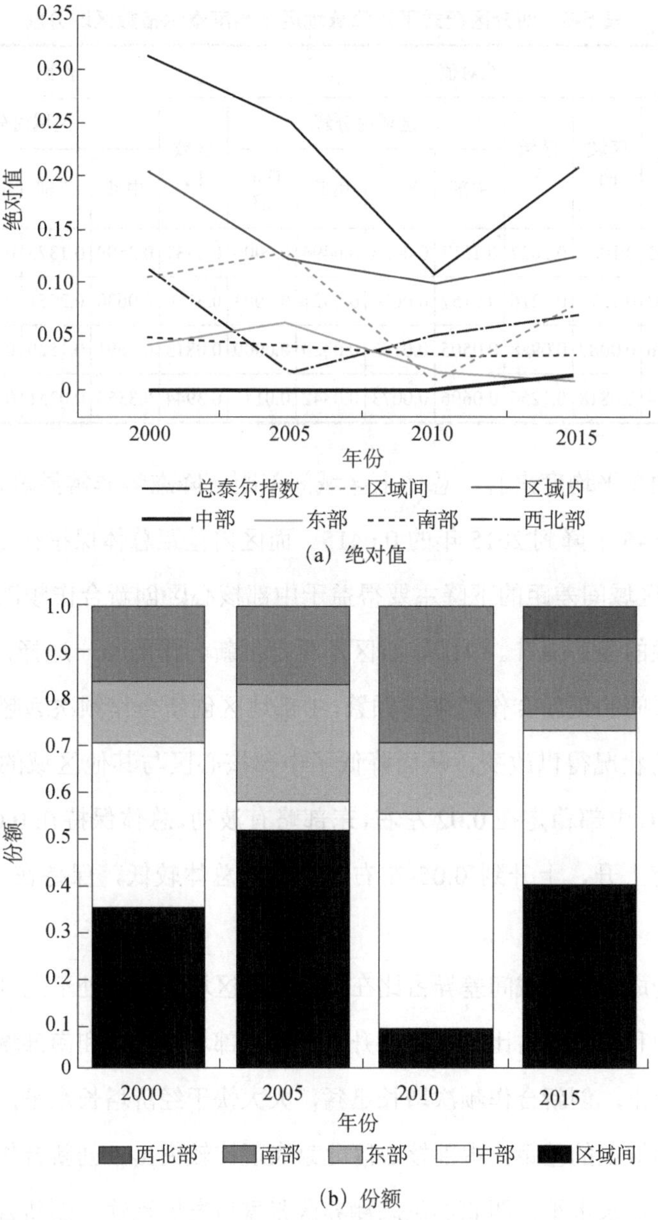


图 5-6　四分区模式下京津冀地区平均度泰尔指数区域分解

**表 5-6 四分区模式下京津冀地区平均度泰尔指数区域分解**

| 年份 | 绝对值 | | | | | | | 份额 | | | | |
|---|---|---|---|---|---|---|---|---|---|---|---|---|
| | 总体 | 区域间 | 区域内 | 区域内分解 | | | | 区域间 | 区域内分解 | | | |
| | | | | 中部 | 东部 | 南部 | 西北部 | | 中部 | 东部 | 南部 | 西北部 |
| 2000 | 0.3103 | 0.1067 | 0.2037 | 0.1117 | 0.0426 | 0.0494 | 0.0000 | 0.3437 | 0.3599 | 0.1373 | 0.1591 | 0.0000 |
| 2005 | 0.2492 | 0.1276 | 0.1216 | 0.0157 | 0.0636 | 0.0421 | 0.0003 | 0.5120 | 0.0630 | 0.2551 | 0.1688 | 0.0010 |
| 2010 | 0.1076 | 0.0087 | 0.0988 | 0.0505 | 0.0163 | 0.0320 | 0.0000 | 0.0813 | 0.4691 | 0.1520 | 0.2973 | 0.0004 |
| 2015 | 0.2074 | 0.0818 | 0.1256 | 0.0696 | 0.0073 | 0.0342 | 0.0145 | 0.3944 | 0.3355 | 0.0351 | 0.1650 | 0.0700 |

从加权平均度来看，总体上区域间差距下降态势非常显著，从 2000 年的 0.2646 下降到 2015 年的 0.0415。而区内差距总体保持在 0.10～0.12 的水平。区域间差距的下降主要得益于中部核心区创新合作频次与经济增长同步性的显著提升。中部核心区不再是创新合作的唯一选择，其他区域内和区域间的创新合作越来越频繁，中部地区创新合作频次远超其经济发展水平的状况得以改变，从而降低了中部核心区与其他区域的差距。区内差距中，中部稳定在 0.02 左右，东部略有波动，总体保持在 0.01～0.04，南部略有上升，上升到 0.05 左右，西北部总体较低，保持在 0.01 水平以下。

从构成看，区域间差异占比在下降，而区域内占比处于上升态势，尤其是东部和南部的占比在显著上升。其中东部城市沧州和南部城市石家庄表现较突出，创新合作频次增长迅猛，大大快于经济增长水平，加大了与区内其他城市的差距；中部核心区北京表现比较突出，创新合作频次显著快于经济增长水平；西北部生态涵养区张家口发展迅速，创新合作活跃度显著上升，拉开了与承德的差距（图 5-7、表 5-7）。

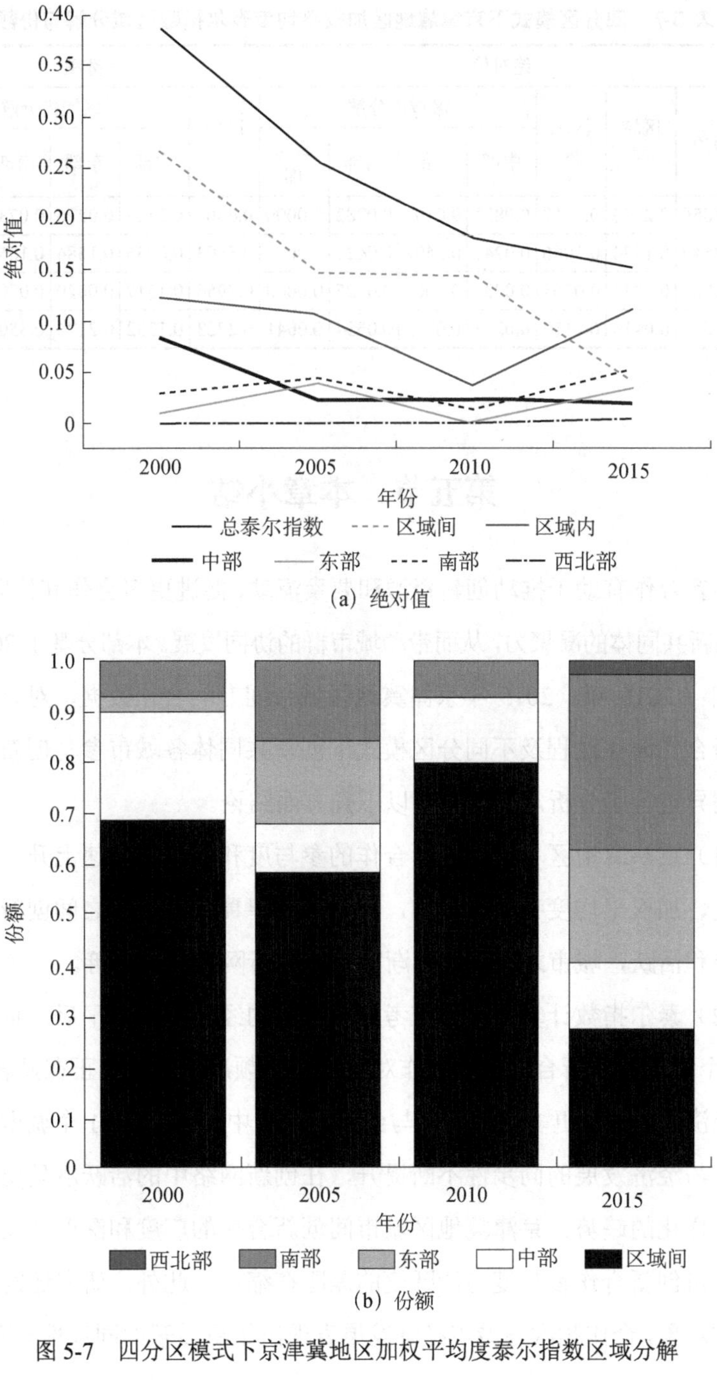


图 5-7　四分区模式下京津冀地区加权平均度泰尔指数区域分解

**表 5-7　四分区模式下京津冀地区加权平均度泰尔指数区域分解与份额**

| 年份 | 绝对值 | | | | | | | 份额 | | | | |
|---|---|---|---|---|---|---|---|---|---|---|---|---|
| | 总体 | 区域间 | 区域内 | 区域内分解 | | | | 区域间 | 区域内分解 | | | |
| | | | | 中部 | 东部 | 南部 | 西北部 | | 中部 | 东部 | 南部 | 西北部 |
| 2000 | 0.3856 | 0.2646 | 0.1210 | 0.0821 | 0.0107 | 0.0282 | 0.0000 | 0.6863 | 0.2129 | 0.0276 | 0.0732 | 0.0000 |
| 2005 | 0.2540 | 0.1474 | 0.1066 | 0.0242 | 0.0402 | 0.0421 | 0.0001 | 0.5803 | 0.0955 | 0.1584 | 0.1656 | 0.0002 |
| 2010 | 0.1801 | 0.1433 | 0.0368 | 0.0237 | 0.0004 | 0.0127 | 0.0000 | 0.7956 | 0.1317 | 0.0020 | 0.0707 | 0.0000 |
| 2015 | 0.1525 | 0.0415 | 0.1110 | 0.0203 | 0.0332 | 0.0534 | 0.0041 | 0.2723 | 0.1332 | 0.2176 | 0.3502 | 0.0267 |

## 第五节　本章小结

创新合作有助于推动创新资源和要素流动，促进更多合作和协同关系，提升创新共同体的凝聚力，从而带动城市群的协同发展。本部分基于 2000 年、2005 年、2010 年、2015 年京津冀地区城市间专利合作数据，对京津冀地区创新合作演化过程及不同分区模式下创新共同体各城市参与创新合作的区域差异进行了分析。研究得出以下几方面结论。

（1）京津冀地区城市群创新合作的参与度和活跃度快速上升，网络的平均度、加权平均度都大幅增加，反映出京津冀地区城市之间创新合作趋于频繁和活跃，城市之间联系逐渐密切，创新网络不断完善。

（2）泰尔指数计算表明，在考虑了城市的经济增长水平后，京津冀地区 13 个城市在创新合作中的合作对象与合作频次上的差异正在显著下降。随着经济的发展，更多的城市参与到创新合作中，河北省 11 个城市创新合作频次与经济发展的同步性不断提升，在创新网络中的活跃度呈现出丰富化和多样化的趋势。京津冀地区城市间创新合作的广度和深度都在不断增加，城市创新合作参与度与活跃度的差距在缩小。此外，研究还发现，相比合作对象，合作频次与城市经济发展表现出了更显著的同步性与匹配性。

这也从一个侧面说明，城市的经济发展水平对城市参与创新合作的深度有重要的影响。

（3）京津冀地区创新合作的区域间差距总体处于下降态势。研究显示，河北省 11 个城市正在呈现显著的分化现象。“核心-边缘”结构的区划方式已经不能反映区域发展的现状。从这个角度来说，《京津冀协同发展规划纲要》对京津冀地区进一步细分是合理且必要的。京津冀地区创新合作区域间差距的缩小得益于两个方面：一是南部功能拓展区和西北部生态涵养区的快速拓展，创新合作伙伴的增加快于经济增长速度，间接带动了创新合作伙伴区域间差距的缩小；二是中部核心功能区创新合作频次与经济增长同步性的提升，其他区域内和区域间的创新合作越来越频繁，中部地区创新合作频次远超其经济发展水平的状况得以改变，从而降低了中部核心区与其他区域的差距。

（4）北京在京津冀地区创新合作中发挥了关键的核心作用。长期以来，北京的技术成果大量输出到天津、河北以外，因而有“蛙跳”一说，其背后深刻的市场原因在此不做分析。与此同时要看到的是，北京在京津冀创新合作网络中仍然发挥着关键的核心作用，北京与区内 12 个城市都有创新合作关系，参与区内创新合作频次长期显著高于经济规模水平，是区内合作长期的领导者和协调者，在区内创新合作与知识溢出中发挥了持续的积极的作用。

（5）天津参与京津冀地区创新合作的深度不足，在京津冀地区协同发展中的作用有限。从合作伙伴看，天津尚未与区内的所有城市建立创新联系；从合作频次看，虽然增长速度很快，但天津参与区内创新合作频次长期低于经济规模水平，2015 年与河北省城市的创新合作仅占总量的 2.84%。天津参与京津冀地区创新合作深度严重不足，从某种程度上说，天津仅与北京有密切的创新合作，而游离于京津冀创新合作网络之外。未来京津冀地区要实现协同发展，还需要强化天津与河北 11 个城市的创新联系与合作，扩大对这 11 个城市的创新辐射与知识扩散。

（6）未来雄安新区建设需强化对河北城市的创新辐射，尤其是与东部滨海发展区和西北部生态涵养区的创新合作。作为京津冀地区协同发展的重要一环，雄安新区不仅是北京非首都功能疏解的集中承载地，更是强化京津冀区域创新合作，辐射带动河北其他城市创新发展的关键节点。雄安新区要对接北京创新资源，辐射河北，尤其是正在快速发展的西北部生态涵养区和东部滨海发展区。未来雄安新区要成为与石家庄相呼应，但辐射范围更广，层级更高的全域的创新合作协调者和关键节点。

## 参考文献

[1] Chaminade C，Fuentes C，Harirchi G，et al. The Geography and Structure of Global Innovation Networks：Global Scope and Regional Embeddedness in Handbook of the Geographies of Innovation[M]. Chentelham：Edward Elgar，2016：370-381.

[2] Strambach S，Klement B. Cumulative and combinatorial micro-dynamics of knowledge：The role of space and place in knowledge integration[J]. European Planning Studies，2012，20（11）：1843-1866.

[3] Bouba-Olga O，Ferru M，Pepin D. The geography of science-industry collaborations：Size and proximity effects[J]. Papers in Regional Science，2012，91：355-375.

[4] Crescenzi R，Filippetti A，Iammarino S. Academic inventors：Collaboration and proximity with industry[J]. The Journal of Technology Transfer，2017，42（4）：730-762.

[5] Breschi S，Lenzi C. Co-invention networks and inventive productivity in US cities[J]. Journal of Urban Economics，2016，92（3）：66-75.

[6] 陆天赞，吴志强，黄亮. 美国东北部城市群创新城市群落的社会网络关系，空间组织特征及演进[J]. 国际城市规划，2016，31（2）：51-60.

[7] Nabeshima K，Kang B，Kashcheeva M. Descriptive analysis of the knowledge network formation in East Asia[J]. Technology in Society，2016，47（11）：66-100.

[8] 周灿，曾刚，宓泽锋，等. 区域创新网络模式研究——以长三角城市群为例[J]. 地理科学进展，2017，36（07）：795-805.

[9] 陆天赞，吴志强，黄亮. 网络关系与空间组织：长三角与美国东北部城市群创新合作关系的比较分析[J]. 城市规划学刊，2016，（2）：35-44.

[10] 胡艳，时浩楠. 长三角城市群城市创新的空间关联分析——基于社会网络分析方法[J]. 上海经济研究，2017，（4）：87-97.

[11] 周密，孙浬阳. 专利权转移、空间网络与京津冀协同创新研究[J]. 科学学研究，2016，34（11）：1736-1760.

[12] 苏文松，方创琳. 京津冀城市群高科技园区协同发展动力机制与合作共建模式：以中关村科技园为例[J]. 地理科学进展，2017，36（6）：657-666.

# 第六章 京津冀创新共同体中的产业发展

随着经济发展进入创新驱动时代，创新在社会经济中的地位逐渐由服务、支撑产业经济发展向提供源头供给和发展动力转变。判断创新活动效率和效益的重要标准是能否转化为推动产业和经济发展的现实动力，否则创新成果只能是散落在社会经济系统中的“技术孤岛”。创新与产业的密切结合与频繁互动已经成为落实创新驱动发展战略的关键途径。

创新共同体是与产业深度融合的发展共同体。创新共同体与产业的深度融合体现在两个方面：一是创新共同体融合政产学研等创新链各环节多主体。创新共同体的成员来自大学、科研机构、企业、行业协会、中介机构、政府机构等，从研发到生产，到市场化，涉及创新链条上的所有环节。二是创新共同体跨越多个产业领域。创新共同体并非局限于某一特定领域或某一特定行业，而是涵盖多个领域多个行业。通过将不同领域和行业的组织及个人结合起来，推动不同领域与行业的交叉融合，集成创新。这种创新以新技术的应用为出发点，着眼于市场需求和产业化，关注创新产品和服务的商业潜力和市场空间。

创新共同体是引领重塑产业格局的加速器。创新共同体有助于知识等创新资源流动，激励更多创新出现，推动产业结构的调整与优化，为产业拥有竞争优势提供保障，从而带动区域的经济增长，促进区域经济可持续发展。跨越行政边界的创新共同体还有助于提升参与成员之间的邻近性，带动关联产业和产业链上下游形成更密切的协同关系，从而推动城市群协同发展。因而以创新共同体带动产业转型升级，形成区域之间更紧密的经济联系，实现区域协同发展已成为我国在新常态推进区域经济转型发展的新模式。

基于此，本部分运用复杂网络分析方法与偏离份额分析方法，研究京津冀区域创新合作的结构性特征与京津冀区域产业发展特征，在此基础上，构建产业发展匹配模型，分析不同产业的发展导向与路径，并在此基础上提出相关的政策建议，以供决策参考。

## 第一节 文献回顾

由于对经济发展的显著影响，创新合作网络被认为是推动区域协同发展的重要工具。一方面，创新网络有助于知识等创新资源流动，激励更多创新出现，从而带动区域经济增长[1]。经济增长收敛理论认为跨区域知识流会降低不均衡增长[2, 3]。知识在组织之间的转移对高技术区域和传统工业区的成功都具有关键的作用[4]。知识会随着不同形式的跨组织合作越过区域边界而溢出，实现跨区域知识流动[5]。演化经济理论认为创新网络是产生知识的场所[6]。跨组织的创新网络越来越成为促进技能、专长、诀窍、经验等研发与创新资源流动的渠道[7, 8]。创新网络能够克服距离和文化的障碍，促进组织之间的知识分享、研发合作和技术互补。

另一方面，创新合作网络有助于提升主体之间的邻近性①带动更多协同关系从而推动区域协同发展。创新网络由处于动态交互的经济环境中的大量主体构成。各类主体之间开展密集的交流和合作[9]，涉及大量的垂直或者水平交互[10]。网络中成员的进入和退出、成员本身的特征变化以及网络结构的改变都会引起成员之间邻近性的变化[11]。研究发现，前期的创新合作有助于主体之间开展更多类型的合作，形成更紧密的关系[12]。创新合作会促进知识传递和知识创造。在这个过程中，传递方和接受方的知识差距会缩小，共同拥有的新知识会推动双方的知识基础更加趋同，推动认知邻近性的增加，强化双方的合作基础，从而提升合作的深度和效率。此外，创新合作还会推动组织之间建立更紧密的联系。例如，研发合作被视作长期一体化进程中的第一阶段，最终导致兼并或者收购[13]。因为前期创新合作和知

① 邻近性理论从经济、社会、文化、制度等多维角度解释创新合作与网络的形成和演化，研究的焦点集中于从处于网络中的经济行为主体之间的关系即节点的邻近性来解释创新合作的形成与发展。依据 Boschma，邻近性因素可以细分为五个维度：地理、认知、社会、制度和组织[18]。

识联系有助于激发主体的兼并决策，从而提升主体之间的组织邻近性[14]。

因此，在基于自身资源禀赋与产业发展现实情况的基础上，区域的产业选择与发展路径要充分利用创新网络在激励创新、缩小区域发展差距中的关键作用，以创新网络的发展带动区域社会经济联系和区域融合，促进区域整体协同水平的提升和区域整体经济实力与竞争力的进步。

## 第二节　研究方法与数据来源

### 一、复杂网络分析

创新网络是一个复杂自适应系统，其复杂性视角较好反映了社会现实[15]。网络分析方法可以分为两类，一类是与主体相关的指标，如度中心性、接近中心度、介中心度；另一类是与整体网络结构相关的指标，包括密度、连通性、距离、度分布和聚类等[16]。本书主要从网络结构出发考察创新网络的整体性特征。

网络密度衡量的是网络成员间联系的紧密程度。网络中，密度越大表明网络成员的联系越紧密。在城市创新合作网络中，密度越大，表示城市节点之间的创新合作活跃，创新联系越紧密，网络对个体节点创新行为与能力的影响也越大。具体公式为

$$D=\frac{\sum_{i=1}^{N}\sum_{j=1}^{N}m(n_i,n_j)}{N(N-1)} \tag{6-1}$$

其中，$D$ 为网络密度；$N$ 为网络节点数；$m(n_i,n_j)$ 为节点 $i$ 与 $j$ 之间连边的数量。

网络结构熵研究复杂网络的序状态，度量的是复杂网络的非同质性。当网络中所有节点都与某一个中心节点相连时，节点重要性差异最大，网

络最不均匀，此时网络结构熵最小。学界对于结构熵的测度提出了多种不同的方法，传统熵指标大多是从网络节点的差异性出发，而“蔡”结构熵[17]综合考虑网络节点和连边的差异性，可以更有效地反映网络的结构特征[18]。因此本书采用“蔡”结构熵方法。具体来说，网络节点的差异性定义为网络中与该节点度不相同的节点的数目 $S_i = [1-p(k_i)] \bullet k$，节点连接的差异性定义为 $D_i = k_i[1-p(k_i)] \bullet k$，综合节点和节点连接的差异性定义网络节点的结构重要性程度 $I_i = \alpha S_i + \beta E_i$，其中 $\alpha$ 和 $\beta$ 分别为点差异性和边差异性的取重，网络结构熵为

$$E = -\sum \frac{I}{\sum I} \ln \frac{I}{\sum I} \tag{6-2}$$

## 二、产业偏离份额分析

偏离份额分析（shift-share model）是研究区域经济增长最为有效的分析方法之一，其原理是将某一地区的经济指标在某一时期的变动分解为三个可加总的分量，即参照区域分量、结构偏离分量和竞争力偏离分量[19]，常用于区域产业分析[20-22]。偏离份额分析有两种方法，绝对方法（基于份额）和相对方法（基于增长率）[22]。考虑到产业之间的可比性，本书采用基于份额的分析方法，具体公式如下

$$r_{ij}^t = r^t + (r_i^t - r^t) + (r_{ij}^t - r_i^t) \tag{6-3}$$

式中，$r_{ij}^t$ 是 $j$ 地区 $i$ 产业在 $t$ 时期内经济增长率；$r^t$ 是时期内背景地区经济总量的增长率；$r_i^t$ 是时期内背景地区 $i$ 产业的经济增长率，$(r_i^t - r^t)$ 为产业结构分量，是背景地区 $i$ 产业与背景地区所有产业的经济增速差异；$(r_{ij}^t - r_i^t)$ 为 $j$ 地区的产业竞争力分量，表示 $j$ 地区 $i$ 产业与背景地区 $i$ 产业的经济增速差异。

本部分运用偏离份额分析方法，来分析京津冀地区的产业发展与竞争力水平。考虑到区域之间的可比性，在参照区域上，放弃了以全国总体作

为背景地区的惯常做法，而采用更具对标和比较意义的长江三角洲地区和珠江三角洲地区作为背景地区。采用长江三角洲地区和珠江三角洲地区产业数据的加权复合来表征背景地区的经济增长水平。权重设置基于区域经济的相似度[23]，公式如下

$$W_{jk}=\frac{\dfrac{1}{\left|X_j-X_k\right|}}{\sum_{k=1}^{n}\dfrac{1}{\left|X_j-X_k\right|}} \tag{6-4}$$

式中，$X_j$ 和 $X_k$ 分别为研究区域 $j$ 和背景区域 $k$ 的某种经济变量；$n$ 为背景区域数量。

## 三、数据来源

本书采用 2015 年专利联合申请数据来表征京津冀地区 13 个城市之间的创新网络与合作关系，数据来源同第四章。依照国家知识产权局发布的《国际专利分类与国民经济行业分类参照关系表（试用版）》[24]，对专利数据进行了相应的行业归并，形成了京津冀产业创新网络的基础数据。

鉴于区域产业协同更多涉及工业部门，将分析对象确定为京津冀地区的主要工业部门。在具体的行业选取上，考虑到我国行业分类标准自 2011 年重新修订，结合《中国工业统计年鉴》对工业部门的划分，选取煤炭开采和洗选业等 7 个采矿业部门，农副食品加工业等 30 个制造业部门，共计 37 个部门作为对工业部门的划分，同时剔除了废弃资源综合利用、电力、燃气和水的生产供应业等具有较强区域属性的行业[22]。在指标选取上，采用工业销售总产值作为计算指标。在背景区域的权重设置上，为表征区域之间的经济相似度和空间作用强度，选取人均制造业 GDP 作为经济变量指标。考虑到统计数据中行业分类标准的变化以及数据的可得性，以 2012 年为基期，2015 年为末期，进行京津冀地区工业的空间偏离份额分析。相关数据来自对应年份的《中国工业统计年鉴》。

# 第三节 产业创新网络与竞争力

## 一、创新网络总体特征

2015年北京、天津、河北三地13个城市之间共发生专利合作4956次，其中参与专利合作频次最多的前三个城市是北京、天津和石家庄，分别为4358次、2008次、1595次。参与合作城市的节点对为33对，所有城市均参与了区域专利合作。从网络统计指标看，2015年京津冀协同创新网络节点平均度为5.077，加权平均度为762.462，网络密度达到0.423，平均路径长度为1.577，平均聚集系数为0.827。

总体来说，京津冀协同创新网络参与节点多，合作频次高，处于较活跃的状态。但从各节点的参与情况看，差异较大。北京是绝对的核心，2015年其参与专利合作数量占北京、天津、河北三地毛利合作总量的43.97%。天津虽然在整个创新网络中的参与度较高，但与北京的合作数量占总量的97.16%，与其他城市节点的联系非常弱。石家庄与除北京、天津以外非核心城市节点的联系较密切，但从空间上看，其影响力主要集中在冀中南地区，与冀北地区城市联系较弱。其他非核心节点城市中，承德、衡水、秦皇岛三市参与创新合作数量低于100次，整体上活跃度较低（图6-1、表6-1）。

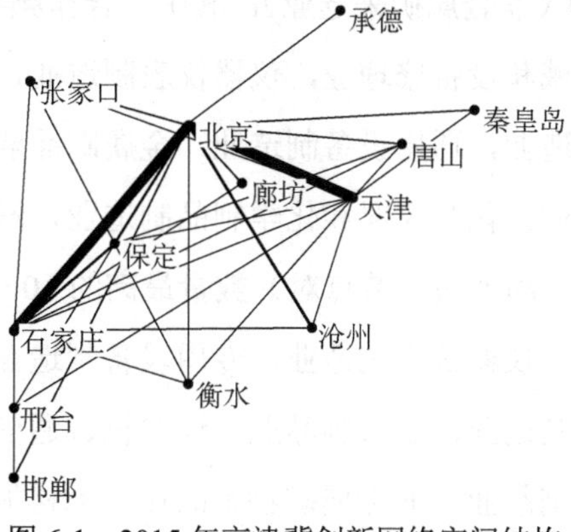


图6-1 2015年京津冀创新网络空间结构

表 6-1　2015 年京津冀协同创新网络节点特征

| 城市 | 度 | 加权度 | 接近中心度 | 介中心度 |
|---|---|---|---|---|
| 北京 | 12 | 4358 | 1 | 25.17 |
| 天津 | 10 | 2008 | 1.17 | 9.17 |
| 石家庄 | 10 | 1595 | 1.17 | 9.17 |
| 承德 | 1 | 21 | 1.92 | 0 |
| 张家口 | 4 | 124 | 1.67 | 0 |
| 秦皇岛 | 2 | 75 | 1.83 | 0 |
| 唐山 | 4 | 111 | 1.67 | 0 |
| 廊坊 | 3 | 199 | 1.75 | 0 |
| 保定 | 7 | 441 | 1.42 | 1.5 |
| 沧州 | 3 | 556 | 1.75 | 0 |
| 衡水 | 4 | 29 | 1.67 | 0 |
| 邯郸 | 2 | 141 | 1.83 | 0 |
| 邢台 | 4 | 254 | 1.67 | 0 |

## 二、产业创新网络特征

从具体的产业看，不同产业创新网络的活跃度差异较大。在 37 个产业中，合作频次最高达 3092 次（金属制品、机械和设备修理业），最低为 0 次（非金属矿采选业）；加权平均度最高为 475.69（金属制品、机械和设备修理业），最低为 0（非金属矿采选业）。其中，合作频次最高的前 10 个产业是金属制品、机械和设备修理业，仪器仪表制造业，电气机械和器材制造业，专用设备制造业，通用设备制造业，金属制品业，计算机、通信和其他电子设备制造业，化学原料和化学制品制造业，汽车制造业，非金属矿物制品业。节点之间连边（节点对）数量最高的 10 个产业是金属制品、机械和设备修理业，仪器仪表制造业，专用设备制造业，电气机械和器材制造业，通用设备制造业，金属制品业，计算机、通信和其他电子设备制造业，橡胶和塑料制品业，非金属矿物制品业，木材加工和木、竹、藤、棕、草制品业（表 6-2、图 6-2）。

表 6-2　2015 年京津冀协同创新网络总体特征

| 产业 | 合作频次 | 节点对 | 加权平均度 | 网络密度 | 网络结构熵 | 平均聚集系数 |
|---|---|---|---|---|---|---|
| 6 煤炭开采和洗选业 | 3 | 1 | 0.462 | 0.013 | 0.2868 | — |
| 7 石油和天然气开采业 | 24 | 4 | 3.692 | 0.051 | 1.1774 | 0.778 |
| 8 黑色金属矿采选业 | 3 | 1 | 0.462 | 0.013 | 0.2868 | — |
| 9 有色金属矿采选业 | 3 | 1 | 0.462 | 0.013 | 0.2868 | — |
| 10 非金属矿采选业 | 0 | 0 | — | — | — | — |
| 11 开采辅助活动 | 10 | 4 | 1.538 | 0.051 | 0.7353 | 0 |
| 12 其他采矿业 | 70 | 9 | 10.769 | 0.115 | 1.0642 | 0.689 |
| 13 农副食品加工业 | 4 | 2 | 0.615 | 0.026 | 0.2868 | 0 |
| 14 食品制造业 | 2 | 1 | 0.308 | 0.013 | 0.2868 | — |
| 15 酒、饮料和精制茶制造业 | 53 | 5 | 8.154 | 0.064 | 1.1421 | 0 |
| 16 烟草制品业 | 1 | 1 | 0.154 | 0.013 | 0.2868 | — |
| 17 纺织业 | 105 | 13 | 16.154 | 0.167 | 1.2359 | 0.713 |
| 18 纺织服装、服饰业 | 15 | 7 | 2.308 | 0.09 | 1.0599 | 0.689 |
| 19 皮革、毛皮、羽毛及其制品和制鞋业 | 13 | 7 | 2 | 0.09 | 1.0599 | 0.689 |
| 20 木材加工和木、竹、藤、棕、草制品业 | 134 | 15 | 20.615 | 0.192 | 1.2106 | 0.745 |
| 21 家具制造业 | 10 | 3 | 1.538 | 0.038 | 0.7867 | 0 |
| 22 造纸和纸制品业 | 53 | 9 | 8.154 | 0.115 | 1.3327 | 0.69 |
| 23 印刷和记录媒介复制业 | 26 | 8 | 4 | 0.103 | 1.3673 | 0.7 |

续表

| 产业 | 合作频次 | 节点对 | 加权平均度 | 网络密度 | 网络结构熵 | 平均聚集系数 |
|---|---|---|---|---|---|---|
| 24 文教、工美、体育和娱乐用品制造业 | 92 | 13 | 14.154 | 0.167 | 1.27 | 0.802 |
| 25 石油加工、炼焦和核燃料加工业 | 19 | 3 | 2.923 | 0.038 | 0.7436 | 0 |
| 26 化学原料和化学制品制造业 | 244 | 12 | 37.538 | 0.154 | 1.2707 | 0.717 |
| 27 医药制造业 | 27 | 4 | 4.154 | 0.051 | 0.7353 | — |
| 28 化学纤维制造业 | 4 | 2 | 0.615 | 0.026 | 0.4741 | — |
| 29 橡胶和塑料制品业 | 119 | 16 | 18.308 | 0.205 | 1.4904 | 0.79 |
| 30 非金属矿物制品业 | 137 | 16 | 21.077 | 0.205 | 1.0385 | 0.743 |
| 31 黑色金属冶炼和压延加工业 | 15 | 5 | 2.308 | 0.064 | 1.2003 | 0.556 |
| 32 有色金属冶炼和压延加工业 | 15 | 6 | 2.308 | 0.077 | 1.4232 | 0.5 |
| 33 金属制品业 | 473 | 19 | 72.769 | 0.244 | 1.5583 | 0.772 |
| 34 通用设备制造业 | 567 | 20 | 87.231 | 0.256 | 1.6791 | 0.633 |
| 35 专用设备制造业 | 814 | 25 | 125.23 | 0.321 | 1.9176 | 0.779 |
| 36 汽车制造业 | 199 | 14 | 30.615 | 0.179 | 1.2682 | 0.644 |
| 37 铁路、船舶、航空航天和其他运输设备制造业 | 58 | 12 | 8.923 | 0.154 | 0.9286 | 0.792 |
| 38 电气机械和器材制造业 | 1405 | 22 | 216.15 | 0.282 | 1.5652 | 0.803 |
| 39 计算机、通信和其他电子设备制造业 | 414 | 17 | 63.692 | 0.218 | 1.3438 | 0.68 |
| 40 仪器仪表制造业 | 3074 | 28 | 472.92 | 0.359 | 1.9038 | 0.822 |
| 41 其他制造业 | 18 | 7 | 2.769 | 0.09 | 1.0599 | 0.689 |
| 43 金属制品、机械和设备修理业 | 3092 | 29 | 475.69 | 0.372 | 1.9069 | 0.815 |

注：1～5、42 产业不符合产业选择标准，未列入研究范围。

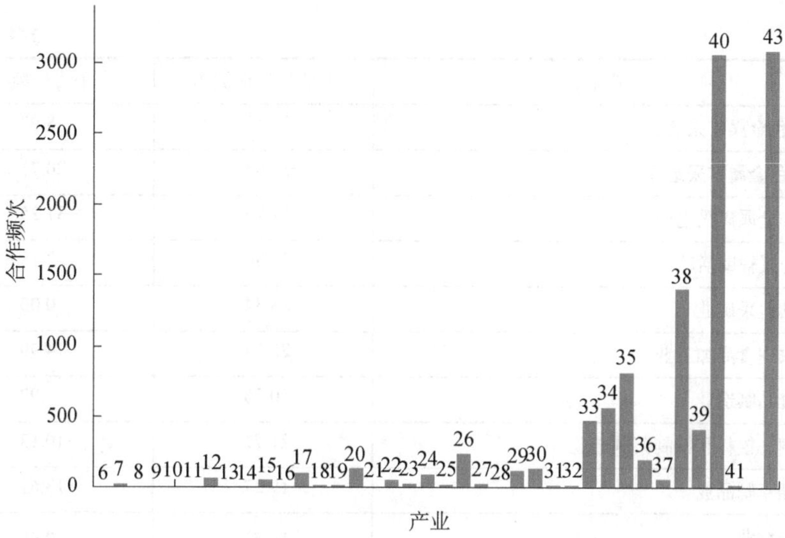


图 6-2　京津冀产业协同创新网络合作频次（产业对照参照表 6-2）

1～5、42 产业不符合产业选择标准，未列入研究范围

## 三、产业竞争力水平

利用偏离份额分析计算京津冀地区制造业产业发展水平，结果见表 6-3（考虑到背景地区经济增长分量不是本书分析重点，在此没有列出相关数据）。与长江三角洲地区和珠江三角洲地区相比，在分析的 37 个产业中，京津冀地区具有竞争力的产业共有 15 个，按分析结果从高到低依次是文教、工美、体育和娱乐用品制造业，铁路、船舶、航空航天和其他运输设备制造业，其他制造业，有色金属矿采选业，食品制造业，化学纤维制造业，汽车制造业，皮革、毛皮、羽毛及其制品和制鞋业，黑色金属矿采选业，石油加工、炼焦和核燃料加工业，印刷和记录媒介复制业，橡胶和塑料制品业，电气机械和器材制造业，家具制造业和通用设备制造业（图 6-3）。

**表 6-3　京津冀地区偏离份额分析结果**

| 产业 | 产业结构份额/% | 竞争力份额/% |
| --- | --- | --- |
| 6 煤炭开采和洗选业 | −16.06 | −38.75 |
| 7 石油和天然气开采业 | −33.78 | −14.14 |

续表

| 产业 | 产业结构份额/% | 竞争力份额/% |
|---|---|---|
| 8 黑色金属矿采选业 | −27.11 | 8.97 |
| 9 有色金属矿采选业 | −38.98 | 20.71 |
| 10 非金属矿采选业 | 52.29 | −37.25 |
| 11 开采辅助活动 | −26.34 | −2.18 |
| 12 其他采矿业 | −3.34 | 0.00 |
| 13 农副食品加工业 | 26.74 | −14.99 |
| 14 食品制造业 | 20.25 | 17.97 |
| 15 酒、饮料和精制茶制造业 | 21.71 | −10.13 |
| 16 烟草制品业 | 19.27 | −13.61 |
| 17 纺织业 | 16.72 | −2.68 |
| 18 纺织服装、服饰业 | 26.05 | −13.39 |
| 19 皮革、毛皮、羽毛及其制品和制鞋业 | 26.67 | 12.47 |
| 20 木材加工和木、竹、藤、棕、草制品业 | 49.32 | −6.78 |
| 21 家具制造业 | 41.34 | 3.99 |
| 22 造纸和纸制品业 | 13.96 | −13.07 |
| 23 印刷和记录媒介复制业 | 36.94 | 7.53 |
| 24 文教、工美、体育和娱乐用品制造业 | 27.93 | 89.84 |
| 25 石油加工、炼焦和核燃料加工业 | −27.93 | 8.35 |
| 26 化学原料和化学制品制造业 | 24.82 | −6.04 |
| 27 医药制造业 | 41.17 | −14.28 |
| 28 化学纤维制造业 | −0.49 | 14.73 |
| 29 橡胶和塑料制品业 | 24.05 | 7.19 |
| 30 非金属矿物制品业 | 41.28 | −34.73 |
| 31 黑色金属冶炼和压延加工业 | −5.28 | −4.77 |
| 32 有色金属冶炼和压延加工业 | 23.75 | −15.87 |
| 33 金属制品业 | 29.06 | −1.52 |
| 34 通用设备制造业 | 19.93 | 2.82 |
| 35 专用设备制造业 | 38.25 | −21.65 |

续表

| 产业 | 产业结构份额/% | 竞争力份额/% |
|---|---|---|
| 36 汽车制造业 | 31.07 | 12.48 |
| 37 铁路、船舶、航空航天和其他运输设备制造业 | 0.97 | 71.33 |
| 38 电气机械和器材制造业 | 21.54 | 7.14 |
| 39 计算机、通信和其他电子设备制造业 | 21.85 | −21.00 |
| 40 仪器仪表制造业 | 31.30 | −12.61 |
| 41 其他制造业 | 14.78 | 64.79 |
| 43 金属制品、机械和设备修理业 | 48.81 | −7.44 |

注：1～5、42 产业不符合产业选择标准，未列入研究范围。

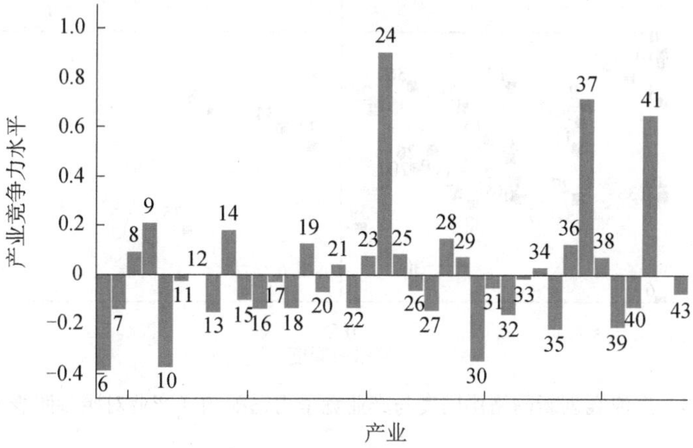


图 6-3　京津冀地区产业竞争力水平（产业对照参照表 6-3）

1～5、42 产业不符合产业选择标准，未列入研究范围

# 第四节　基于协同度与竞争力的产业发展模式分析

对京津冀产业创新网络和产业偏离份额分析的计算结果分别采用最大最小值法①进行归一化处理。然后，对各产业创新网络密度和结构熵进行算

① 具体计算公式参见席强敏，李国平发表的《京津冀生产性服务业空间分工特征及溢出效应》一文[25]。

数加权，得到产业创新网络协同度；将偏离份额分析中的产业竞争力分量作为产业竞争力水平（图 6-4）。在此基础上，基于创新网络协同度与产业竞争力的匹配性，构建模型，可以得到如下四类产业发展模式。

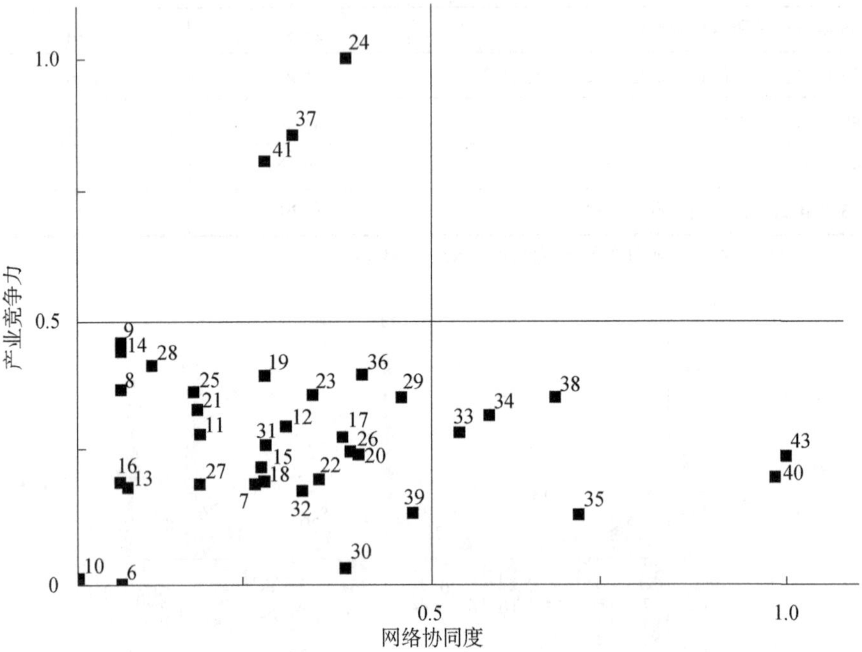


图 6-4　京津冀创新网络协同度与产业竞争力适配图（产业对照参照表 6-3）

## 一、强产业强网络型——完善网络运行机制提升网络效率

这类产业处于图 6-4 第一象限，产业竞争力水平高，协同度高，发展较成熟，是区域内绝对的优势产业。因此需要在进一步完善创新网络功能、提升创新网络效率的基础上保持产业的竞争优势与发展势头，强化产业在区域经济与协同发展中中流砥柱的排头兵地位。遗憾的是，京津冀地区处于这一领域的产业空缺。这意味着到目前为止，京津冀地区还没有形成既具有产业竞争优势又能引导北京、天津、河北三地协同创新从而带动区域协同发展的支柱型产业。这也是京津冀地区在进入结构优化和动能转换的

经济新常态阶段面临的严峻挑战。

## 二、强产业弱网络型——破除网络障碍强化创新驱动引擎

这类产业处于图 6-4 第二象限，产业竞争力水平高，网络协同度较低。这意味着虽然产业当前具有区域间的比较竞争力，但由于创新网络发展滞后，整体协同度不高，创新对产业的引导和支撑作用难以发挥，网络对区域协同发展的带动作用有限，未来产业发展将面临较大挑战。京津冀地区处于这一区间的有三个产业，分别是：文教、工美、体育和娱乐用品制造业，铁路、船舶、航空航天和其他运输设备制造业，其他制造业。对于这类产业，需要大力破除创新网络障碍，推进创新要素和资源的跨区流动，优化创新网络的空间布局，强化创新网络对产业发展及区域协同的推动作用。

具体来说，在当前京津冀地区产业转移与疏解背景下，可以基于创新合作关系，将北京的相关产业转移到河北省内有条件的地区，以产业转移带动创新资源流动，以充实河北省相关产业的创新实力，弥补由于企业和人才缺乏造成的创新资源不足问题。例如，铁路、船舶、航空航天和其他运输设备制造业网络节点涵盖了京津冀地区 9 个城市，参与创新合作频次较多的城市包括石家庄（12 次）、张家口（6 次）、保定（5 次）等城市，可选择上述城市进行集中疏解。该产业河北地区虽然份额较高，但参与创新网络的城市节点加权度均较低（除北京、天津和石家庄以外参与创新合作城市的加权平均度仅为 4），在网络中的活跃度非常低。要以相关园区和基地建设，如石家庄通用航空基地和唐山中国动车城的建设为契机加快产业转移，带动河北地区创新资源与能力的提升。文教、工美、体育和娱乐用品制造业网络节点涵盖了京津冀地区 10 个城市，可选择创新网络参与度较高的张家口（8 次）、沧州（12 次）、邢台（5 次）、唐山（5 次）等有一定创新合作基础的城市来承接北京地区的转移产业，进行重点培育。其他制造业参与创新合作较多的城市包括石家庄（6 次）、秦皇岛（4 次）、唐山

（2 次）等，可选择上述城市进行集中疏解。

## 三、弱产业强网络型——优化资源配置推进双链深度融合

这类产业主要处于图 6-4 第四象限，以高端制造业为主，产业技术含量较高，产品附加值高。相关产业包括电气机械和器材制造业，金属制品业，通用设备制造业，专用设备制造业，汽车制造业①，仪器仪表制造业，金属制品、机械和设备修理业。网络协同度较好但没有形成对产业发展应有的支撑，创新链和产业链脱节，产业竞争力水平较弱。核心原因在于京津冀创新网络结构特性带来的网络资源锁定。从表 6-2 可以看到，上述产业网络都具有两个典型特征：一是网络的中心性较高，星形特征显著。因此上述产业创新网络虽然协同度相对较高，但并不完备。二是网络平均聚集系数高。网络聚集系数越高，网络中的闭合三角（triadic closure）数量越多，网络更易形成核心块（core-component）与联系松散的边缘节点，即核心边缘结构。这种网络结构有僵化并导致锁定倾向[26]。具体体现在创新合作对象、强度与内容的锁定：网络中北京、天津、石家庄三个节点之间联系比较密切，其他节点与三个核心节点相连但强度低，非核心节点彼此间联系少，与核心节点的创新合作往往锁定在低端产业水平，因而造成产业发展缓慢，竞争力弱。装备制造业②作为河北省第一大支柱性产业，总体规模偏小，高端产品不足，低端产品产能过剩[27]。

未来要解决上述产业网络结构僵化、高端创新合作不足等问题，主要思路有三个方面：一是利用京津冀地区系统推进全面创新改革试验区的契机，通过创新创业环境、人才流动、科技金融等方面的体制机制创新推动

---

① 汽车制造业虽然处于第三象限，但网络协同度与产业竞争力与第四象限产业差距不大，同时产业特性也较接近，都属于装备制造业，因此也列入此类产业。

② 依据《国民经济行业分类（GB/T 4754—2011）》，装备制造业包含金属制品业，通用设备制造业，专用设备制造业，电器机械及器材制造业，仪器仪表制造业，金属制品、机械和设备修理业，汽车制造业，铁路、船舶、航空航天和其他运输设备制造业。

高品质创新要素和资源在区内的供给和流动，进一步优化创新资源的空间配置；二是要强化各类行业协会、技术交易机构在推动北京、天津、河北三地产学研创新合作中的中介作用，通过各类投资和项目鼓励北京优质的学术资源与天津和河北的企业建立更多的创新合作与联系，推进区内产业链与创新链的深度融合；三是加快推进河北各类装备基地建设，强化对河北装备制造业技术实力与创新能力的培养与支撑。

## 四、弱产业弱网络型——依据产业特色差异化布局与发展

这类产业处于图 6-4 第三象限，产业竞争力不强，网络发展协同度也不高。对这类产业的发展需要进一步分析，细分为三类：第一类是产业有一定优势但创新网络发展落后；第二类是产业优势不强、竞争力弱、网络协同度也很低的产业；第三类是不符合区域发展方向的产业。

第一类产业包括食品制造业，化学纤维制造业，皮革、毛皮、羽毛及其制品和制鞋业，印刷和记录媒介复制业，橡胶和塑料制品业，家具制造业。这类产业创新网络发展缓慢，虽然在京津冀地区产业竞争力排名较靠后，但竞争力水平大于 0，相对于长江三角洲地区和珠江三角洲地区，其产业是有优势的产业。这些产业以传统消费品产业为主，典型特征是技术含量和附加值都较低，企业规模小。未来要提升产业发展动力，需要抓住新经济的发展机遇，以绿色化、智能化、互联化为方向，通过搭建各类信息交流平台，促进信息交流与共享，推进新技术向传统产业的渗透与融合，实现以“互联网+”为特色的传统产业升级。

第二类产业包括非金属矿物制品业，非金属矿采选业，农副食品加工业，烟草制品业，医药制造业，纺织服装、服饰业，酒、饮料和精制茶制造业，纺织业，木材加工和木、竹、藤、棕、草制品业，化学原料和化学制品制造业，有色金属冶炼和压延加工业，计算机、通信和其他电子设备制造业，造纸和纸制品业。这类产业对区域经济的整体带动和区域间协同

发展的作用都较小。对医药制造业、化学原料和化学制品制造业、有色金属冶炼和压延加工业、非金属矿采选业、造纸和纸制品业等能耗高且易对环境造成污染的产业，可以考虑参照第三类进行提质降产，并适当进行域外疏解；对农副食品加工业，烟草制品业，纺织服装、服饰业，酒、饮料和精制茶制造业，纺织业，木材加工和木、竹、藤、棕、草制品业，计算机、通信和其他电子设备制造业，这些产业虽然不具备竞争力，协同发展带动作用弱，但属于居民日常消费，同时也解决了部分区域就业问题，可以适当保留。

第三类产业包括煤炭开采和洗选业，石油和天然气开采业，有色金属矿采选业，黑色金属矿采选业，石油加工、炼焦和核燃料加工业，开采辅助活动，其他采矿业，黑色金属冶炼和压延加工业。这类产业的产业结构偏离分量都为负，在长江三角洲地区、珠江三角洲地区整个行业处于收缩状态，这也符合当前京津冀地区调整产业结构、降低能源消耗与区域资源环境压力、强化创新驱动的要求。未来应当加快调整步伐，持续优化。

## 第五节 本章小结

以创新共同体推动的创新网络对激励创新和推动区域协调发展具有重要的引领和带动作用。本部分运用复杂网络分析方法和偏离份额分析方法，基于专利合作和产业数据，测算了京津冀地区创新网络结构特征及产业发展水平，分析了创新网络协同度与产业竞争力的匹配性，力图发现京津冀地区各产业在引领内部协同发展并保持外部竞争力中的特定位置与作用。研究获得的结论与启示有以下四点。

第一，产业竞争力与创新网络发展水平之间存在不同步性。一些产业具有较强的外部竞争力，但创新网络发展水平滞后；还有一些产业创新网络发展水平较好，但产业外部竞争力较弱。初步分析，这种不同步性可能源于两个方面：一方面与产业特性差异相关，包括产业的市场化程度[28]、创新要素投入[29, 30]、创新开放度[31, 32]等；另一方面，与区域在产业资源与创新资源空间布局上的错位相关。以京津冀地区为例，2015 年北京制造业规模仅为河北的 1/3，但研发经费投入是河北的 4 倍，是创新网络中最活跃的节点（北京参与专利合作数量占总量的 43.97%）。一般来说，产业资源布局与区域资源禀赋和市场竞争状况密切相关；创新资源布局更多受到地区整体经济发展水平和行政力量的影响。产业资源与创新资源的空间错配有资源禀赋和区域发展历史等客观原因，短期内难以快速改变。因此未来京津冀地区产业资源与创新资源的布局和协同还需要系统、稳定、长期的制度和政策设计。

第二，在区域发展不平衡、不充分的情况下，未来产业发展要充分重视和利用产业创新网络在缩小区域差距，保持区域长期竞争力方面的关键作用。我国已经从要素驱动、投资驱动全面转向创新驱动的新常态阶段，没有开放创新理念和创新网络的支撑，产业也难以保持长期的竞争力。因此，要基于不同产业在应对外部竞争与带动内部协同中的特定地位和作用，结合产业的空间布局与创新网络结构，细化产业发展方向与发展路径。对外竞争力强、内部创新协同好的产业是“内外兼修”的“主力军”产业，要持续完善创新网络的支撑机制，提升创新网络效率；对外竞争力强、内部创新协同弱的产业是区域经济发展的“生力军”，要通过强化信任、提升共识、促进区域内各类标准和制度对接来破除网络发展障碍，深化产业发展潜力和区域协同带动力；对外竞争力弱、内部创新协同强的产业是“后备军”，要着力于创新网络优化，强化创新链和产业链的融合对接，优化创新资源的空间配置，从而完成创新力到竞争力的飞越；对外竞争力弱、内部创新协同弱的产业要依据产业和区域发展现实，差异化制定发展路径。

第三，要警惕创新网络发展中可能出现的问题，如结构封闭僵化带来的技术锁定，创新链与产业链的脱节等。区域长期竞争力依赖于本地网络中的企业对多样化知识的获得和区域创新网络支撑创新活动的系统性功能[33]。因此这些问题会制约网络的进一步发展，也会削弱创新网络在引领和支撑产业协同发展中的引擎作用，从而影响区域竞争力。要避免这些问题，需要打通各种信息和资源流动通道，运用多种政策工具，吸引鼓励更多的企业和地区参与到创新合作网络中来，提升节点的参与度和网络的活跃度来规避网络结构僵化问题。要加强创新链和产业链的融合衔接，在传统产业转型升级背景下，要吸引更多高端、特色创新资源和创新要素加入网络，提升网络多样化水平，突出创新在产业发展中的引擎作用，以创新链引导产业链，以创新拉力带动产业发展；对新兴产业和高技术产业，要优化创新资源的区域配置，加强创新成果的区域对接和产业对接，提升创新网络运行的时间和空间效率，以创新链支撑产业链，形成产业发展的创新推力。

第四，对京津冀地区，产业发展模型的测算结果并不乐观。处于第一象限、外部竞争力强、网络发展好的产业空缺；处于第二和第四象限、具有一定实力和发展潜力的产业也较少，仅占总量的 1/4；剩下 3/4 的产业竞争力弱，创新网络发展水平也不高，对区域协同发展的带动作用较低。未来需要通过创新共同体建设，推进北京、天津、河北三地产业之间的协同，引导产业转型升级，实现跨越式发展。

## 参考文献

[1] Huggins R，Thompson P. Entrepreneurship，innovation and regional growth：A network theory[J]. Small Business Economics，2015，41（5）：103-128.

[2] Baldwin R，Forslid R. The core-periphery model and endogenous growth：Stabilizing and de-stablizing integration[J]. Economica，2000，67：307-324.

[3] Baldwin R，Matin P，Ottaviano G. Global inomic divergence，trade and industrialization：The geography of growth takeoffs[J]. Journal of Economic Growth，2001，6（1）：5-37.

[4] Owen-Smith J，Powell W W. Knowledge networks as channels and conduits：The effects of spillovers in the Boston Biotechnology Community[J]. Organization Science，2004，15（1）：5-21.

[5] Rodríguez-Pose A，Crescenzi R. Research and development，spillovers，innovation systems，and the genesis of regional growth in Europe[J]. Regional Studies，2008，42（1）：51-67.

[6] Pyka A. Innovation networks in economics：From the incentive-based to the knowledge based approaches[J]. European Journal of Innovation Management，2002，5（3）：152-163.

[7] Andersson M，Karlsson C. Knowledge in regional economic growth：The role of knowledge accessibility[J]. Industry and Innovation，2007，14（2）：129-149.

[8] Weterings A，Ponds R. Do regional and non-regional knowledge flows differ? An empirical study on clustered firms in the Dutch life sciences and computing services industry[J]. Industry and Innovation，2009，16（1）：11-31.

[9] Toedtling F，Trippl M. One size fits all? Towards a differentiated regional innovation policy approach[J]. Research Policy，2005，34（8）：1203-219.

[10] Contractor F，Lorange P. The growth of alliances in the knowledge-based economy[J]. International Business Review，2002，11（4）：485-502.

[11] Broekel T. The co-evolution of proximities—A network level study[J]. Regional Studies，2015，49（6）：921-935.

[12] Balland P A，Boschma R，Frenken K. Proximity and Innovation：From Statics to Dynamics[J]. Regional Studies，2015，49（6）：907-920.

[13] Hagedoorn J，Sadowski B. The transition from strategic technology alliances to mergers and acquisitions：An exploratory study[J]. Journal of Management Studies，1999，36：87-106.

[14] Boschma R. Proximity and innovation：A critical assessment[J]. Regional Studies，2005，39（1）：61-74.

[15] Purchase S，Olaru D，Denize S. Innovation network trajectories and changes in resource bundles[J]. Industry Marketing Management，2014，43（3）：448-459.

[16] 何大韧，刘宗华，汪秉宏. 复杂系统与复杂网络[M]. 北京：高等教育出版社，2009.

[17] 蔡萌，杜海峰，任义科，等. 一种基于点和边差异性的网络结构熵[J]. 物理学报，2011，60（11）：157-165.

[18] 罗鹏，李永立，吴冲. 利用网络结构熵研究复杂网络的演化规律[J]. 复杂系统与复杂性科学，2013，10（04）：62-68.

[19] Dunn E S. A statistical and analytical technique for regional analysis[J]. Papers of regional science association，1960（6）：97-112.

[20] 黄顺魁，王裕瑾，张可云. 中国制造业八大区域转移分析——基于偏离-份额分析[J]. 经济地理，2013，33（12）：90-96.

[21] 苏振东，金景仲，王小红. 中国产业结构演进中存在“结构红利”吗——基于动态偏离份额分析法的实证研究[J]，财经科学，2012，（2）：63-70.

[22] 赵霞，王志增，朱启航. 比较优势、空间差异与区域产业定位——基于偏离-份额模型的丝绸之路经济带沿线省区分析[J]. 经济与管理，2017，31（2）：17-26.

[23] Boarnet M G. Spillovers and the locational effects of public infrastructure[J] .Journal Of Regional Science，1998，38（3）：381-400.

[24] 国家知识产权局规划发展司. 国际专利分类与国民经济行业分类参照关系表（试用版）[R]. 专利统计简报，2015，23.

[25] 席强敏，李国平. 京津冀生产性服务业空间分工特征及溢出效应[J]. 地理学报，2015，70（12）：1926-1938.

[26] Crespo J，Suire R，Vicente J. Lock-in or lock-out? How structural properties of knowledge networks affect regional resilience[J]. Journal of Economic Geography，2014，14（1）：199-219.

[27] 李涛. 纵向看成效明显 横向比差距尚存——“十一五”以来河北装备制造业发展状况分析[J]. 统计与管理，2012，（3）：70-71.

[28] Soto M. Capital flows and growth in developing countries：Recent empirical evidence[R]. Paris：OECD Development Centre Technical，2000，Paper No. 160.

[29] 李培楠，赵兰香，万劲波. 创新要素对产业创新绩效的影响——基于中国制造业和高技术产业数据的实证分析[J]. 科学学研究，2014，32（04）：604-612.

[30] 曹勇，苏凤娇. 高技术产业技术创新投入对创新绩效影响的实证研究——基于全产业及其下属五大行业面板数据的比较分析[J]. 科研管理，2012，33（09）：22-31.

[31] 李文元，张茜，张鑫. 战略性新兴产业开放式创新模式研究——基于文献分析[J]. 工业技术经济，2013，34（03）：105-112.

[32] 何郁冰，曾益. 开放式自主创新对产业国际竞争力的影响——基于中国制造业2000—2010年面板数据[J]. 科学学与科学技术管理，2013，34（03）：13-22.

[33] Vermeulen B. Innovation Networks for Regional Development//Overview and Contributions. In Innovation Networks for Regional Development. Concepts，Case studies，and Agent-Based Models[M]. Switzerland：Springer International Publishing，2017：1-12.

# 第七章 建设京津冀创新共同体的战略目标

对京津冀创新共同体的理解，区别于京津冀创新系统或京津冀创新生态系统等概念，其更强调共同体各成员对区域创新目标的共识和共同体成员高度的合作共享精神，以及基于主动开展协同创新活动建立的更紧密联系。基于对京津冀创新共同体特点来制定京津冀创新共同体的战略目标，一方面，要精准领会全球创新发展趋势，另一方面，更要深刻把握京津冀协同发展现实，通过战略目标的实现，高效、稳定、有序推进京津冀协同发展战略。

## 第一节 京津冀创新共同体的建设背景

京津冀创新共同体是京津冀区域内的政产学研用等多个创新主体主动集合起来，以推动京津冀协同创新为核心，具备有利于创新资源和创新政策互通互联的体制机制和创新网络，拥有以全国科技创新中心为引领的创新驱动的城市群，是面向区域经济社会发展需求的创新链、产业链、资金链、政策链有机组合的创新共同体。

### 一、京津冀创新共同体建设的典型区域特征

具体来说，京津冀创新共同体建设具有如下三个典型区域特征。

#### （一）京津冀协同发展作为国家战略获得了强大的政策推动力

推动京津冀协同发展，是党中央在新的历史条件下做出的重大决策部署，是贯彻落实五大发展理念的伟大实践，具有重大现实意义和深远历史意义。京津冀协同发展战略作为我国三大区域发展战略之一，是京津冀地区在今后相当长一段时间内发展的主线和核心，更是“一带一路”建设的重要支撑。为此，国家成立了京津冀协同发展领导小组，发布了京津冀协同发展的纲领性文件《京津冀协同发展规划纲要》并做出重要部署。京津

冀协同发展的战略地位之高、影响力之大前所未有。

建设京津冀创新共同体，是京津冀协同发展的要求，更是新的历史条件下落实创新驱动发展战略的必然要求。《京津冀协同发展规划纲要》明确提出，要推动形成京津冀创新共同体，要弥合发展差距、贯通产业链条、重组区域资源，打造引领全国、辐射周边的创新发展战略高地。建设京津冀创新共同体、落实创新驱动发展战略是有序疏解非首都功能、推动京津冀协同发展的战略选择和根本动力。

京津冀协同发展战略规格高。2013 年，习近平总书记先后到天津、河北调研，强调要推动京津冀地区协同发展。2014 年 2 月 26 日，习近平总书记在北京考察工作时发表重要讲话，全面深刻阐述了京津冀地区协同发展战略的重大意义、推进思路和重点任务。2014 年 8 月，京津冀地区协同发展领导小组成立，统筹规划落实京津冀协同发展。京津冀地区协同发展战略是紧随"一带一路"倡议，由国家最高领导人提出的区域发展战略，并设立了国家级的领导小组，战略意义与重要性不言而喻。

京津冀地区协同发展战略推进周期长。《京津冀协同发展规划纲要》对未来京津冀地区的发展做出了长期的规划，并明确了协同发展的近期、中期及远期目标。《京津冀协同发展规划纲要》提出了渐进式发展目标，强调京津冀地区协同发展的过程性与长期性。这种大时间跨度的超前布局，突出了京津冀地区协同发展以及创新共同体建设在我国区域经济发展中的重要地位和新常态下以京津冀创新共同体建设落实创新驱动发展战略的重大意义。

京津冀地区协同发展配套战略部署系统全面。作为对京津冀地区协同发展战略的落实与支撑，京津冀地区协同发展采用全方位系统式推进，将京津冀地区经济、社会发展全面统筹。除了京津冀创新共同体建设，《京津冀协同发展规划纲要》还在疏解北京非首都功能、推动交通一体化、生态环境保护、产业升级转移以及社会事业发展等方面做出了重大战略部署。

全国第一个跨省市的区域“十三五”规划《“十三五”时期京津冀国民经济和社会发展规划》以《京津冀协同发展规划纲要》为基础，把京津冀作为一个区域整体统筹规划，在城市群发展、产业转型升级、交通设施建设、社会民生改善等方面一体化布局，并提出了打造全国创新驱动经济增长新引擎、构建现代产业发展体系、建设生态修复环境改善示范区等九大重点任务，着力于京津冀地区协同发展的协同性和整体性。

京津冀地区协同发展战略政策力度大。为了推进京津冀地区协同发展和创新共同体建设，国家先后出台了《京津冀协同发展规划纲要》、《“十三五”时期京津冀国民经济和社会发展规划》以及《京津冀系统推进全面创新改革试验方案》等多个规划与政策文件，率先实施京津冀交通一体化、建立京津冀“4+*N*”功能承接平台、搭建京津冀技术交易网络服务平台、建立完善区域创新资源和成果共享机制、区域创新政策互动机制以及园区联动共建机制等。如此大力的政策推进体现了国家推进京津冀地区协同发展和创新共同体建设的强大决心和意愿。

### （二）京津冀需要瞄准高远目标探索全新的区域发展方式

围绕着京津冀地区协同发展，《京津冀协同发展规划纲要》高瞻远瞩，提出了京津冀区域未来发展宏伟的近期、中期和远期目标。京津冀地区协同发展的目标是：近期到2017年，有序疏解北京非首都功能取得明显进展，在符合协同发展目标且现实急需、具备条件、取得共识的交通一体化、生态环境保护、产业升级转移等重点领域率先取得突破，深化改革、创新驱动、试点示范有序推进，协同发展取得显著成效。中期到2020年，北京市常住人口控制在2300万人以内，北京“大城市病”等突出问题得到缓解；区域一体化交通网络基本形成，生态环境质量得到有效改善，产业联动发展取得重大进展。公共服务共建共享取得积极成效，协同发展机制有效运转，区域内发展差距趋于缩小，初步形成京津冀地区协同发展、互利共赢新局面。远期到2030年，首都核心功能更加优化，京津冀区域一体化格局基本形成，区域经济结构更加合理，生态环境质量总体良好，公共服务水平趋于均衡，成为具有较强国际竞争力和影响力的重要区域，在引领和支撑全国经济社会发展中发挥更大作用。

《京津冀协同发展规划纲要》提出，要推动形成京津冀创新共同体，到2020年，创新驱动发展局面初步形成。要通过京津冀创新共同体建设，实现创新要素的有效流动与共享、科技创新功能分工明确以及产业链与创新链高效衔接。这既是对京津冀创新共同体的要求，更是京津冀创新共同体建设的意义所在。建设京津冀创新共同体，就其本质目的是通过内部创新资源的充分开放，促进北京、天津、河北三地经济社会和谐可持续发展。因而，随着创新组织机制的完善、创新网络的延伸、创新合作链条的自发丰富，创新共同体将服务京津冀地区经济社会发展，破解资源环境约束。以信息技术、生物技术、新材料技术、新能源和再生能源技术、先进制造技术、海洋技术以及环保技术的突破式发展为引领，推动区域产业布局升级与低碳化、智能化、精细化、专业化发展，以协同创新为桥梁，推动北京、天津、河北三地建立完善资源环境问题共同应对机制，成为转变区域经济发展方式、优化区域发展格局和培育增长新动力的新载体。

2016年9月国家发展改革委发布的《关于贯彻落实区域发展战略促进区域协调发展的指导意见》中更进一步提出，支持京津冀地区城市群继续在制度创新、科技进步、产业升级、绿色发展等方面走在全国前列，加快形成国际竞争新优势，建设具有世界影响力的城市群。这是对京津冀地区协同发展和京津冀创新共同体建设提出了更高的目标和要求。京津冀地区的资源禀赋与现实基础决定了京津冀的发展模式，不同于长江三角洲地区以上海为中心逐级扩散的发展道路，也不同于东北地区齐头并进式的发展模式。京津冀地区的发展，一方面需要充分利用北京创新资源富集的优势，挖掘创新潜力，提升创新活力，强化全国科技创新中心地位；另一方面又要带动周边津冀地区与城市的发展，实现共同繁荣。因此京津冀地区的发展更多的是嵌入式一体化发展，是北京、天津、河北三地对地理临近性带来的协同发展优势的重新挖掘，是全球经济环境下对区域要素重要性的再认识和回归，是应对新科技革命带来的产业布局变革的空间规划与再组织。嵌入式一体化要求京津冀创新共同体内要形成稳固的关系和结构，要求京津冀创新共同体以协同为基点和核心，着眼于建立更紧密的合作关系，通过建立共同的创新目标凝聚区域共识，通过高度的合作实现对区域资源的深度挖掘和利用，通过协同创新提升创新互动的活跃度与整体科技创新的速度，推动北京、天津、河北三地经济联系范围的扩大和程度的加深，从而实现北京、天津、河北三地协同发展。

### （三）京津冀创新共同体建设任重而道远

从参与成员上看，京津冀创新共同体的参与主体有多重属性。这个多重属性包括创新功能（基础研究、应用研究、设计与测试、生产、市场、销售）属性、产业链（零部件、装配、销售）属性以及行政区划（北京、天津、河北）属性。三重属性意味着京津冀创新主体之间的资源分享与互动需要打破多重边界，既有创新链上的产学研合作，也有跨行政区划的区域间合作，更有不同产业间的交叉融合与跨界创新。

从网络关系上看，京津冀创新共同体形成的网络结构具有密集性和复杂性。这种特点与上述共同体参与成员的多重属性紧密相关。实际上，京津冀创新网络是不同创新功能联系、不同产业链环节联系和不同区域联系所构成的三重联系网络的叠加和综合。这种叠加是非线性的叠加，一方面使京津冀网络更加密集，另一方面也使叠加形成的网络更加复杂。同时，一旦成员间的创新联系突破了这三重边界形成了合作关系，由此而形成的三重网络将会彼此强化，网络关系将会非常的紧密和稳定。

由于创新功能、产业链环节、行政区划三重因素交织，京津冀网络结构具有高度复杂性，京津冀创新共同体建设的难度大大增加。在共同体内的创新互动与合作中，需要做好创新链、产业链和行政区三者之间的衔接与协同。研发合作、产学研协同、产业链上下游协同、跨界合作与创新，这些都是当前推动区域创新发展、释放创新潜力的核心创新活动。由于涉及区域创新环境、体制机制设计、区域资源禀赋、地理与交通、历史文化发展以及公共服务等多方面因素的综合影响，激励这类创新活动也往往是区域政策制定者面临的重大难题之一。京津冀创新共同体建设针对的正是这类创新难题。

与大多数区域创新共同体相比，京津冀创新共同体的最大差异与复杂性集中体现在跨越三个发展水平差异较大的行政区。京津冀地区的内部经济社会发展差距以及创新能力差距高于欧盟大部分地区。实际上，从全世界的角度来看，可能也很难找到第二个内部差距如此大的区域创新共同体。京津冀创新共同体建设的难度很大。

因此，建设京津冀创新共同体，实现跨行政区知识溢出与跨行政区创新资源融合与流动，需要站位高远、全局谋划、精密思考。尤其是要做好跨行政区创新协同的体制机制设计，实现政府间高效顺畅的对接与协调。京津冀跨行政区体制机制建设与政府间协调可以从两个层面来开展：一个是从总体规划与运行层面，需要站在超越北京、天津、河北三地政府机构的行政高度来统筹协调、规划、监督、落实创新共同体建设；另一个是在北京、天津、河北三地政府层面，持续推进北京、天津、河北三地政府间的合作与协同，通过北京、天津、河北三地间规范、标准与政策对接，北京、天津、河北三地间政府沟通、交流与合作，实现有利于北京、天津、河北三地间资源流动与知识溢出的创新环境。

## 二、全面推进京津冀创新共同体建设的战略意义

建设京津冀创新共同体是深入实施党的十九大区域协调发展战略的必

然要求。党的十九大报告深刻阐述“贯彻新发展理念，建设现代化经济体系”，重大举措之一就是“实施区域协调发展战略”。京津冀地区是我国目前唯一一个以创新为导向的城市群。以协同创新推进北京、天津、河北三地协调发展，通过推进创新链、产业链、资金链、政策链深度融合，建立健全区域创新体系，推动形成京津冀协同创新共同体，是落实党的十九大区域协调发展战略的必然要求；是新时代京津冀地区立足自身优势找准定位主动出击，培育区域发展新动能，引领经济发展新常态的必然选择；是全球化背景下，提升区域竞争力和影响力，建设以首都为核心的世界级城市群的必然要求。

建设京津冀创新共同体是应对新科技革命挑战的主动选择。新科技革命推动着科学和技术日益一体化、学科之间高度交叉融合、知识密集型产业集群化发展、科技发展以指数化速度提升。创新活动开始突破学科、技术、组织、产业、地域的界限，创新的竞争日益体现为创新组织方式的竞争。京津冀地区以建设创新共同体应对新科技革命的挑战，利用北京、天津、河北三地在创新链中的资源互补性和产业链中的梯度差异性，形成高度协同、互惠互利、交叉融合的发展态势，正是把握新科技革命变革形势与机遇，提升区域创新组织效率与效能的主动选择。

建设京津冀创新共同体是北京加快建设具有全球影响力的科技创新中心的必然要求。金融危机后，世界主要城市纷纷认识到科技创新与产业化的重要性，全球或区域科技创新中心成为多个国际都市的转型目标。从历史上看，全球科技创新中心集中在大城市群，是中心城市与所在区域创新系统高度融合，城市之间分工协作、密切互动的结果，要在区域发展战略大构架中谋划。北京建设具有全球影响力的科技创新中心，依赖于以京津冀地区城市群为广阔支撑腹地的区位优势，依赖于京津冀地区形成以自身优势产业为主导的城市群产业链布局体系，依赖于创新资源和要素在城市之间的自由流动与充分共享，依赖于在京津冀区域尺度上发挥引领创新、聚集辐射、转型升级的核心驱动作用。

## 第二节　建设京津冀创新共同体的战略目标

通过京津冀创新共同体的建设，要在京津冀地区形成创新要素自由流动、创新体制机制健全、创新政策体系完善、创新创业活力迸发的国际一流区域创新体系，使京津冀地区成为区域协同发展改革引领区和全国创新驱动经济增长新引擎。为了实现这一发展目标，共同体的建设目标是：凝聚新常态下北京、天津、河北三地经济转型升级的共同发展目标，建立活跃、持续、稳定的创新网络，推动区内大学、研究机构、企业、中介机构和政府积极互动，使得创新共同体成为汇聚多个伙伴、凝聚多元主体和多个城市的集体，建立责权明确、利益合理分配的科技创新治理机制，推动形成分工清晰、布局合理的创新型组织和区内知识基础、组织基础、制度基础和社会基础等因素的不断发展，从而逐步将京津冀创新要素与资源流动和配置的动力由政府引导转化为市场推动，增强区域创新能力、影响力、竞争力，使京津冀地区成为深度融入全球经济体系的开放城市群和创新驱动发展的重要增长极。

### 一、凝聚新常态下经济转型升级的共同发展目标

当前，我国经济进入高效率、低成本、可持续发展的中高速增长阶段，发展速度、结构和动力都在转型。与此同时，全球新一轮科技革命与产业变革正在塑造区域竞争新格局。在复杂的区域发展与竞争形势下，京津冀地区以创新共同体建设推动经济转型升级的任务与目标面临着前所未有的急迫与压力。

建设京津冀创新共同体，要凝聚北京、天津、河北三地在新常态下的

发展目标，通过创新共同体建设实现经济进入中高速发展阶段后区域经济持续增长目标，实现经济结构优化调整要求下的区域产业转型升级目标，实现发展动力切换下的区域创新动力与能力提升目标。要通过创新共同体建设将北京、天津、河北三地共同面临的经济转型升级的压力转化为共同发展的目标和动力，将北京、天津、河北三地在历史和现实发展中的分歧融入京津冀创新共同体的建设中，融入创新共同体的实践中。北京、天津、河北三地在科技创新、经济与社会发展等各领域有其具体目标，在经济步入新常态背景下，更应当关注共同面对的经济态势与发展目标，通过共同体概念本身带来的共同目标导向凝聚共识，形成合力。通过创新共同体建设，激发和促进北京、天津、河北三地的政府、研究机构、企业、服务机构的区域认同感与区域发展共识，促进北京、天津、河北三地认识表面分歧背后的共性根源、发展问题深层的共同制约因素、矛盾冲突背后的共有利益，从而实现京津冀创新共同体在京津冀地区协同发展中的引领和驱动作用。

就北京、天津、河北三地的现实需求和各自战略目标来看，北京要疏解存量资源，除《京津冀协同发展规划纲要》和北京自身战略规划中圈定的国际前沿原始创新研发、高端技术攻关、高端服务业等功能和产业外，将制造业甚至设计产业的测试与制造环节转移出北京，寻求更高效率的城市发展方式；天津则要在经济新常态下探索自身作为北方最大港口的价值，在我国整体由要素驱动型发展向创新驱动型发展转变的过程中，寻找最大限度发挥物流和高端制造产业优势、保持城市竞争力的路径；河北作为创新基础相对薄弱但空间资源相对丰富的区域，一方面要承接北京疏解出的中端制造业，加快经济整体发展速度，推进新型城镇化，另一方面要配合北京、天津规划中的产业链上游环节，有意识地发展中低端测试、制造环节，提前布局，应对京津冀地区协同发展新任务。唯有将北京、天津、河北三地各自的发展目标放在更宏观、更全面的层面上，提高北京、天津、河北三地共同的凝聚力，才有可能以最小的协调沟通成本实现资源最大限度的共享和发展效率的最大化。建设京津冀创新共同体，要求北京、天津、河北三地主动把握自身优势，通过创新协作中的资源共享与优势互补，共同提升北京、天津、河北三地的创新能力与创新实力，从而增强北京、天津、河北三地的区域归属感与认同感，推动形成发展共识，凝聚发展动力。

## 二、形成互动活跃内聚外合的协同创新集体

京津冀创新共同体建设，将广泛吸收各类创新主体参与，来自北京、天津、河北三地处于不同创新环节、具备不同创新功能的各类创新主体以共同目标、共同利益和共同承诺的集体主义精神为指引，在研发合作、产学研协同、技术转移与科技成果转化等各类形式的创新合作中形成一致的创新理念和创新行动，从而构建出最具分享与协作精神的创新集体。

通过京津冀创新共同体内各类创新主体间的积极互动，形成活跃、持续、稳定的知识网络，将推动创新共同体形成更一致的交流方式，更深厚的知识基础，更强的技术吸收能力，更密集的企业、机构联系，更融合的区域文化，更一致的制度规范和标准，更广泛的区域联系，从而实现京津冀地区组织基础、制度基础和社会基础等因素的不断发展。京津冀创新共同体基础性因素的提升将进一步推动共同体内资源分享规模与层级的提升以及共同体知识溢出内容和规模的扩张，提升共同体内各类创新人才的匹配度，从而增强共同体的内聚力与向心力，吸引更多的内外部创新主体参与，形成更丰富的内外部创新合作，并最终实现京津冀创新共同体由短期偶然合作向长期稳定合作、由封闭单一凝聚向开放多元凝聚的转型。

京津冀创新共同体将以区域内互动为切入点，鼓励创新主体基于共同的价值观和目标愿景主动分享资源，加快打破大学、科研院所、国有企业和社会企业之间的组织壁垒。长期积累沉淀在“体制内”创新主体中的知识、成果、人才，要同京津冀地区吸引的巨量社会资本和企业资源相融合，

发挥各自优势，使整个共同体创新效率提升，让北京、天津、河北三地中的各类创新主体实现集体的“共生”和“繁荣”。要通过区域内横向的科技合作和纵向的技术转移及科技成果转化，推动区内创新资源的高效流动和利用。一方面，以创新合作与多方协同促进北京、天津、河北三地的经济和社会交流，推动建立更紧密的经济与社会联系；另一方面，以创新资源的共享和区域整体创新效率的提高带动单个城市创新能力的提升，弥合区域内创新资源与能力差距，从而打造更加平等、和谐、紧密的创新集体。

## 三、建成分工清晰、布局合理的创新型组织

作为区域性的创新组织，京津冀创新共同体将具有清晰的功能分工以及合理的区域布局。京津冀地区的创新主体将考量自身在创新功能、产业链环节以及行政区划等方面的多重属性，依据《京津冀协同发展规划纲要》中的分工与定位，对照实现参与主体在共同体中的精确定位，以参与成员的精准定位与积极互动为基础，北京、天津、河北三地以创新链为核心，通过区域间创新链和产业链的融合衔接与有序协作推动形成高效的区域创新型组织。

京津冀地区要建设形成一个有一致目标、严密组织且高度结构化的创新共同体，超越“合作网络”而成为一个“共同体”，这对顶层统筹提出了更高的要求。从基本现状上看，京津冀创新共同体面临的最大挑战是跨行政区的政府沟通问题，而要协调各行政区政府，需要领导核心具有一定的行政权威，因此建设创新共同体在治理角度的首要目标是强化高层决策统筹。

在顶层统筹之下，京津冀创新共同体要实现区域内部的功能与权责分工。一方面，要围绕《京津冀协同发展规划纲要》提出的三地功能定位和创新发展格局，明确北京、天津、河北三地科技创新优先领域，以落实产业分工与创新功能分工实现区域定位。另一方面，在治理机制上要实现北

京、天津、河北三地政府间的责权明确分工和利益清晰分配。北京、天津、河北三地必然会有各自发展的近期、中期、远期目标，也不可避免存在一定冲突，因而要在形成共同目标的基础上，明确各自区域内部、区域之间的管理权限、协调责任，以集体主义精神构建平等对话机制，同时实现创新收益的公平分配，增强共同体集体性。

建成分工清晰、布局合理的创新型组织，加快北京、天津、河北三地创新的协同，从空间角度理解，重点是实现北京、天津、河北三地之间创新资源有序流动、分布平衡，为跨行政区创新网络自主发育创造条件。通过产业联盟、信息平台、行会组织、产学研联合研发机构等实体和在线组织的建设，促成人才、成果、资金的交流和转移，以现代农业、智能制造、电子信息、生物医药等北京、天津、河北三地共同关注的产业为着力点，形成以北京为知识创新源头和研发中心，以天津为孵化和产业技术转化应用示范基地，以河北为产业规模化发展开发区的跨行政区布局，从而为市场自发健全完善创新共同体建设提供必要的基础。

## 四、进入市场推力充分发挥的自发成长状态

京津冀创新共同体的过程性明显，现阶段主要依靠政府推力。正是要求疏解非首都功能和产业转移的行政力量打造了现阶段京津冀创新共同体建设的起点，也是当前引导京津冀创新共同体建设的首要力量。政府部门的积极组织与谋划构成了影响京津冀创新共同体走向并调动其他主体主动性的关键。今后，随着科技创新治理结构的完善、创新资源流动配置的合理化，京津冀创新共同体要充分发挥北京、天津、河北三地地理、社会、知识、制度的临近效应，从政府“点火”“助推”逐步发展成为市场自发协同的状态。

市场推力来自北京、天津、河北三地对共同体建设的共同认知。特别是随着政府引导下北京集聚的创新人才、知识、成果和资本等要素同河北

的非对称性下降，河北在利用规模经济、开拓新市场以及进行频繁学习和创新交互等方面的机会增加，学科知识的认识差距和创新活动的能力差距得到弥补，使其能够在资源协同中获得更大收益，提升市场主体参与协作的兴趣和积极性。而天津则通过北京、天津、河北三地一体化创新资源交流平台和信息平台的建立，找到同北京、河北对接的最优利益点，构成市场自发协作的认知基础。

在形成良好认知临近性的基础上，以北京、天津、河北三地政府间有机协作的制度临近性为保障，推进组织临近性和社会临近性发展，让京津冀地区各创新主体充分融入创新共同体。京津冀地区高校、研究机构、创新联盟、企业组织之间要保留合理的组织目标差异，北京、天津、河北三地之间则牢牢把握各自发展的子目标和创新资源基础，一方面避免产业选择、重点技术攻关的重复和锁定，另一方面通过创新环境的完善在行政区之间、创新主体之间建立信赖关系，形成更加强大的市场作用力，引导共同体建设。

最终，京津冀创新共同体应通过学生、劳动力和创新人才的高强度迁移带来知识、经验和技能的流动，并建立由企业合作、研究合作、大学和产业合作构成的高效的创新网络。北京、天津、河北三地将具备高水平的创新能力接近度，实现产业协同和知识领域的最优的认识接近度水平。通过建设良好的交通和通信基础设施、形成共同的区域认同、培养高度发达的中介服务机构，推动阻碍京津冀创新共同体的社会、制度和文化障碍的彻底消失，让京津冀创新共同体实现市场作用下的共生共荣。

## 五、成为深度融入全球经济体系的开放城市群

建设京津冀创新共同体，将在北京、天津、河北三地开放共享协同创新的基础上，推动京津冀地区成为深度融入全球经济体系、具有强大外部竞争力的创新型城市群。以京津冀创新共同体建设带动京津冀地区协同发

展，全面对接“一带一路”建设。以协同创新为基础的京津冀地区城市群，将同长江三角洲城市群、长江中游城市群、成渝城市群和珠江三角洲城市群等共同成为中国经济增长极。

建设京津冀创新共同体，将在“一核两翼”的空间布局基础上，充分发挥北京在全球创新中的竞争优势和辐射带动作用，面向全球实施开放的创新战略，形成强大的全球创新影响力。通过“一核两翼”的协同互动，激活区域整体发展潜力，促进京津冀地区发育形成完善的城市群体系。通过共同体建设优化改善区域自然、社会和创新创业生态环境，集聚和利用全球高端创新资源，打造高水平开放创新平台，加强国际科技合作与交流，提升京津冀地区国际化水平和全球资源配置能力。通过北京、天津、河北三地的合理分工，形成具有京津冀区域特色的创新制度安排和政策体系，打造国际一流的区域创新环境，引领全球创新合作。

建设京津冀创新共同体，将在打造共同体高度凝聚力的基础上，吸引更多的境外资金、先进技术和管理运行模式，助力区域全面创新。通过国际研发合作、产学研协同吸引更多外资投向重点产业与领域，参与区域产业链整合与公共基础设施等领域建设，吸引更多外资机构将总部、研发中心、运营中心设在京津冀地区。以对内对外开放共享协同创新实现“走出去”与“引进来”，通过促进技术交易进出口、专利国际合作，以及吸引国际创新投资，提升区域的创新实力与创新绩效。

## 第三节　京津冀创新共同体的发展空间

区域创新共同体处于不断的发展中，在不同阶段体现出各异的阶段特征。京津冀创新共同体的发展过程，是创新要素流动更加顺畅、创新资源分享更充分、共同体运行体制机制日趋完善、创新网络更密集、参与成员更多元、共同体建设基础不断强化、共同体凝聚力不断提高、共同体发展的市场驱动力逐渐增强、区域创新能力不断提升、创新链与产业链融合更加紧密的过程。

## 一、创新共同体发展具有阶段性

创新共同体具有成长性，在成长过程中，将主要经历三个发展阶段，表现出不同的特点。

在第一阶段，创新共同体发展基础比较薄弱，区域内创新资源流动受阻，创新共同体运行的体制机制还没有完全建立，创新共同体的参与成员较少，成员之间的互动较少，不同行政区之间缺乏创新联系，处于“各自为战”的状态，形成的创新网络链条稀疏，网络密度低。个别地区由于具有独特的资源禀赋或创新要素而形成资源聚集，该地区相对其他地区具有明显的优势，在创新资源和创新能力方面显著高于其他地区。但由于区域内创新互动与合作少，综合看来整个区域的协同创新能力比较低。区内形成了初步的产业分工，但产业合作少，创新对产业发展的促进作用尚待挖掘。

在第二阶段，随着创新共同体建设活动的开展，创新共同体发展基础不断增强，区域内创新资源流动趋于顺畅，创新共同体运行的体制机制基本建立，共同体的凝聚力逐渐加强。更多的成员（一些经济不发达、相对沉寂的区域逐渐活跃起来）加入创新共同体，融入创新共同体的地区和创新主体明显增加，各地区之间创新交互趋于活跃，创新主体联系趋于密切，企业之间的横向合作以及产学研用等交互也大幅增加，导致创新网络的规模、密度和强度都明显上升。不同地区之间开始出现产业分工和合作，整个区域开始形成清晰的产业发展走向和地区协同，创新活动带动产业发展的成效初步显现。

在第三阶段，随着共同体的建设与发展，创新共同体的各方面基础性要素不断完善，进一步促进了共同体内创新资源的充分流动和共享，创新共同体运行的体制机制不断优化，共同体内创新交互更加频繁、成员的创新能力显著提升，网络的密度和强度不断优化和提升。行政区划已经不再成为影响创新资源流动和创新合作的因素，共同体的凝聚力大大提升，区域创新能力和创新绩效也得到了显著增强。创新活动对产业的推动作用充分释放，形成创新驱动发展的局面。

## 二、京津冀创新共同体仍处于起步阶段

当前北京、天津、河北三地发展水平差距大，共同体虽然具有一定的发展基础，但诸多原因造成区域创新资源流动受阻，共同体运行的体制机制缺乏，区内合作对接机制有待进一步完善，北京、天津、河北三地创新合作少，创新网络稀疏，创新链与产业链衔接不顺，总体上仍处于创新共同体发展的第一阶段，即起步阶段。

在这一阶段，行政力量是京津冀创新共同体发展的主要驱动力。北京、天津、河北三地经济关联较少，知识交互和创新联系比较缺乏。由于区域内部创新资源分布非均质，北京、天津、河北三地经济发展水平存在差异，此时北京、天津、河北的区域合作联系更多地依靠行政力量推动。要以北京疏解非首都功能和产业转移为契机，重点做好两方面工作：一是加强北京、天津、河北三地创新共同体建设基础，以减小北京、天津、河北三地的认知差距，提升区域协同潜力；二是打通地理交通、行政区划等因素对创新要素流动和创新资源共享的制约，以开发区域协同潜力。要完成上述工作，不仅需要设计好京津冀创新共同体的体制机制，更需要加大投入，以增量管理凝聚共同体共识，提升共同体向心力，从而提升北京、天津、河北三地建设创新共同体的动力，消除共同体建设中的障碍。

随着京津冀创新共同体的发展，区内创新要素流动性增加，创新资源的共享度提升，北京、天津、河北三地创新能力空间分布非对称性下降，

区内创新协同的机会和收益显著增加，京津冀创新共同体发展进入第二阶段——突破与提升阶段。北京、天津、河北三地的认识和能力差距大大减小，参与成员大大增加，创新联系显著增多，创新共同体网络密集度提高。但参与成员的增加和密集网络结构的出现并不是区域层面或系统层面的现象，只在个别产业领域和个别子区域出现，如京津、京保石、京唐秦三个发展轴。创新联系和创新聚集仍然集中于区域内个别创新环节，北京、天津、河北三地的创新合作并没有全面展开。核心区域之间的协同运行机制基本建立，并有效支撑了创新共同体的发展。

在这一阶段，政府和市场双重力量共同体推动着京津冀创新共同体的发展。创新共同体的发展促使各项基础性要素不断完善，从而不断催生和培育市场力量的发展壮大，共同体自下而上的需求和动力更加强大和坚定。虽然市场的力量越来越强大，但仍需行政力量的层层推进。需要强化对区内边远和落后地区（如邯郸、邢台、衡水、沧州等地）的基础建设并推动建立创新联系，加强共同体的辐射和吸引力度，引导更多成员参与创新共同体。还要继续推动北京、天津、河北三地在创新全链条上的合作，推动创新要素流动和创新资源共享的不断提升，优化创新共同体的运行机制，促进区内创新链与产业链的对接与融合。

最终，进入京津冀创新共同体发展的最高阶段——全面协同阶段。北京、天津、河北三地各创新主体越来越融入区域创新共同体，强大的区域创新协同意味着由学生、劳动力和创新人才的高强度迁移带来的大量知识、专长和技能的流动以及由企业合作、研究合作、大学和产业合作构成的高效的创新网络的出现。这种协同源于北京、天津、河北三地高水平的知识、能力接近度以及创新链和产业链的高度融合。此时，创新协同并非只出现在部分领域，而是出现在整个科学领域和产业领域，是全面的创新协同。良好的交通和通信基础设施、共同的区域认同、高度发达的创新网络，最终有助于推动阻碍京津冀创新共同体的社会、制度和文化障碍彻底消失，市场力量充分发展，成为支撑创新共同体运行的核心力量。

## 第四节　本章小结

京津冀创新共同体战略目标的设定需要基于京津冀创新共同体的发展现实，也根植于京津冀创新共同体建设的广泛战略背景。京津冀协同发展战略的规格高，推进周期长，配套部署系统全面。作为我国开展全面创新改革试验唯一的跨省级区域，京津冀协同发展作为国家战略获得了强大的政策推动力。《京津冀协同发展规划纲要》对京津冀协同发展提出了系统的近期、中期和远期目标。在此基础上，京津冀地区要建设成为具有世界影响力的城市群。这对京津冀协同发展和京津冀创新共同体建设提出了更高的目标、要求，京津冀地区要瞄准高远目标探索全新的区域发展方式。

基于上述发展和建设背景，确立了京津冀创新共同体的战略目标：凝聚新常态下北京、天津、河北三地经济转型升级的共同发展目标，建立活跃、持续、稳定的创新网络，推动区内大学、研究机构、企业、中介机构和政府积极互动，使得创新共同体成为汇聚多个伙伴、凝聚多元主体和多个城市的集体，建立责权明确、利益合理分配的科技创新治理机制，推动形成分工清晰、布局合理的创新型组织和区内知识基础、组织基础、制度基础、社会基础等因素的不断发展，从而逐步将京津冀创新要素与资源流动及配置的动力由政府引导转化为市场推动，增强区域创新能力、影响力、竞争力，使京津冀地区成为深度融入全球经济体系的开放城市群和创新驱动发展的重要增长极。

创新共同体是不断发展与成长的。在成长过程中，区域内创新资源流动逐渐趋于顺畅，创新共同体运行的体制机制不断完善，共同体的凝聚力逐渐加强，成员地区和创新主体不断增加，共同体内创新交互趋于活跃，联系日益密切。京津冀创新共同体虽然具有一定的发展基础，但区域创新资源流动受阻，共同体运行的体制机制缺乏，区内合作对接机制有待进一步完善，北京、天津、河北三地创新合作少，创新网络稀疏，创新链与产业链衔接不顺，总体仍处于创新共同体发展的起步阶段。在当前北京“大城市病”突出，北京、天津、河北三地发展水平差距大，协同任务艰巨的背景下，京津冀创新共同体建设任重而道远。

# 第八章 多措并举建设京津冀创新共同体

推进京津冀创新共同体建设，要紧密围绕《京津冀协同发展规划纲要》中的定位布局，把握创新共同体建设中的发展主线，以定位明确分工，以协同弥合差距，以创新驱动发展，坚持“协同发展、协调发展、共同发展”，加快促进区域创新资源的快速聚集与合理分布，推动创新要素的充分流动与有效利用，形成创新活力的充分激发与全面激活，实现创新能力的快速提升和创新潜力的充分释放。具体来说，主要实现五方面重点任务。

## 第一节 夯实建设基础形成同频共振

建设京津冀创新共同体，首先要不断夯实、强化创新共同体的基础。要通过交通一体化，充分挖掘与放大京津冀地区在地理临近性上的优势；要重点提升河北的知识与技术吸收能力，推动北京、天津、河北三地形成更好的认知基础；要全面推进科技与经济社会各方面统筹，夯实制度基础，为京津冀创新共同体建设打造更好的根基和土壤，形成更有利于创新共同体发展的区域环境。

### 一、完善交通网络，放大地理邻近性优势

地理邻近性是京津冀创新共同体的最主要、最直接的优势。2014 年后，交通一体化作为北京、天津、河北三地协同的三大抓手之一，由于主要依靠政府投资、能够获得相对充分的政府推动力，在道路基础设施建设方面取得了明显进展。要加快推进落实《京津冀协同发展交通一体化规划》，在现有工作基础上做好两个方面的工作：①北京、天津、河北三地各自要保证道路设施的长期持续投资；②北京、天津、河北三地已经开展的合作打通断头路工作要随着道路网络不断完善而灵活调整。

第一，北京、天津、河北三地要充分落实“京津、京保石、京唐秦”三大通道的交通一体化规划，做好主要路网特别是轨道路网的建设。我国

在高速铁路方面具备技术积累和良好的建设经验，京津冀地区要发展以轨道交通为主体，具有快速通勤功能的跨城、跨区域的大容量系统，构建内外疏密有别、高效便捷的轨道交通网络。

第二，随着现有的断头路逐步被打通以及北京、天津、河北三地主要道路的联通，要关注局部地区微循环的流动和变化，及时调整微循环路网建设的重点，服务民众生活与工作。通过优化交通一体化衔接方案，统筹做好与城市轨道交通、铁路、民用机场的衔接协调，打造铁路、公路、航空、城市交通于一体的综合交通枢纽，新建或改扩建综合客运枢纽；重点发展用于连接中心城与外围新城的快速、大容量、公交化市郊铁路，推动旅客联程联运发展，有效提升一体化客运服务水平。构建区域综合交通信息平台和全环节的出行规划信息服务平台，提高不同交通方式间的一体化衔接效率，为旅客提供从出发地到目的地的全过程、全环节、门到门的出行服务。

## 二、精准支持河北建设，强化共同认知基础

目前来看，北京、天津和河北之间的技术水平和创新能力差距还比较明显，为此建议决策部门不要“一碗水端平”“撒芝麻盐”，而应当真正下大力气加大对河北各方面资源的投入，包括资金、人员的培养和薪酬、科研基础设施的完善等，强化实际效果。在国家层面的有序协调下，推动北京、天津为河北提供更多技术支持。在协调内部资源的同时，促使北京、天津、河北三地形成更加密切的合作信赖关系。

要建立创新人才共建模式，发挥北京科研院所优势为河北科技创新人才的成长提供帮助。鼓励更多北京的高校和科研机构与河北开展分校、合作办学、共建人才开发孵化基地等多种形式的人才共建。加强科技人才、管理人才、专业技术人才联合培养。依托区域内丰富的科教（研）资源，实施产业工人技能培训，与企业合作设立大学毕业生实习基地，实现北京、

天津、河北三地教育、实习资源共享，服务于北京、天津、河北三地协同发展的人才需求。

要推动北京、天津特别是北京的科研基础设施向河北开放，充分释放京津、京石“一站一台”的影响力。促进大型科学仪器设备、重大科技基础设施、重大科学工程和科技信息资源等跨行政区共享共用，提升科技资源的使用和运转效率。完善首都科技条件平台与河北省大型科学仪器资源共享服务联盟、天津科技条件服务平台的对接共享和一体化建设，提供跨区域的科学仪器资源共享服务、检测认证资源共享服务。

要增强北京、天津支持河北的精准性，通过北京、天津、河北三地联合制定产业规划和组织各类对接活动，更具体地发掘河北产业转型升级的关键环节。市场主体所需要的关键技术、关键人才，北京、天津设置专项重点支持，在关键点上率先突破，从而发挥示范带动效应，推动北京、天津、河北三地创新主体之间知识结构和创新能力水平差距的缩小。

## 三、全面推进政策统筹，构筑制度基础

首先，要系统梳理京津冀地区现有创新政策，积极推进战略规划、政策体系、管理体制等方面的统筹协调和融合互动，促进北京、天津、河北三地创新激励政策融通共享；建立北京、天津、河北三地创新政策发布交流沟通机制，推进发布政策事前沟通与事后交流分享。

其次，促进区域内人事档案管理、社会保险、职称评定等方面的政策衔接，健全跨区域人才流动机制。实施更具吸引力的海外人才集聚政策，突破外籍人才永久居留和创新人才聘用、流动、评价激励等体制、政策瓶颈，开展外籍人才出入境管理改革试点，对符合条件的外籍人才简化永久居留、签证等办理流程。建立灵活多样的创新型人才流动与聘用模式，鼓励高等学校和科研院所人才互聘，允许高等学校、科研院所设立一定比例流动岗位，吸引企业人才兼职。

再次，推进国家自主创新示范区、自由贸易试验区、服务业扩大开放综合试点、国家级高新技术产业开发区及国家级经济技术开发区等政策互享、叠加发力，探索不同类型政策推进协同创新的有效方式。建立与国际接轨的管理运行新机制，推动北京、天津、河北三地科技资源融合创新的发展。加强北京、天津、河北三地与党中央有关部门的合作，优化党中央科技资源在北京、天津、河北三地的布局，发挥高等学校、科研院所和大型骨干企业的研发优势，形成京津冀地区与党中央有关部门高效合作、协同创新的良好格局。

## 第二节　塑造发展共识实现凝心聚力

建立创新共同体目标与发展共识是吸引多方参与，集合北京、天津、河北三地优势资源形成合力的必要条件。只有北京、天津、河北三地的政府、研究机构、企业和服务机构共同认识到创新协作能够为自身的长远持续发展带来益处，正确区分自身短期利益和协作创新带来的潜在长期外部利益之间的关系，形成相互融合的文化交流氛围和彼此协调的社会认知，创新合作、产业迁移、人才流动、资金转移等才能自发出现，创新共同体建设中具体的经济社会与创新目标才能够逐步实现。

### 一、以增量管理为支点撬动协同创新大局

借鉴国际上的经验，建设京津冀创新共同体要在运行管理模式与机制上达成共识，针对现实问题通过体制机制创新实现重点突破。

1. 通过新增合作工程、计划、项目全面调动北京、天津、河北三地关注和参与

当前北京、天津、河北三地间围绕着协同发展与创新合作开展了很多

对话与交流，一些推动北京、天津、河北三地间产业转移与园区合作的工作也在紧密地展开并取得了一定的效果。然而由于只依赖于存量管理而忽视了增量管理，北京、天津、河北三地创新协同进展缓慢。需要看到的是，京津冀创新共同体面临的情况复杂，建设难度大，只依靠北京、天津、河北三地间政府的协调和现有存量资源的再挖掘利用不能实现建设京津冀创新共同体的目标，也无法对京津冀地区协同发展起到根本性的作用。京津冀创新共同体建设更多地需要依靠增量管理，要增加创新资源、加大区域投入，一方面以新增资源充分调动北京、天津、河北三地共同参与创新共同体的积极性；另一方面，可以弥补存量管理中难以解决的由于行政区划的相对独立性带来的固有利益分歧。京津冀创新共同体建设要以创新协作为杠杆，以增量管理为支点，撬动北京、天津、河北三地协同发展的大局。因此，要重视增量管理的作用，力争做到调整存量与做优增量并举。要重点围绕环境污染治理、绿色发展等北京、天津、河北三地共同关心、社会影响大、政府推动力足的问题，新增一批合作工程、计划、项目，并采取政府与社会合作的方式全面调动北京、天津、河北三地各类创新主体的关注和参与，通过增量管理，在重点领域凝聚共识，增强动力。

### 2. 提升京津冀创新共同体运行机构的行政管理层级

国务院牵头成立的京津冀地区协同发展领导小组及办公室并非常设机构，编制和资源也非常有限。当前北京、天津、河北三地协同工作的推动主要还是依靠北京、天津、河北三地政府之间的协商与合作，在现有行政体制的框架下，难以取得实质性的进展，实现真正的协调。国际经验表明，建设区域创新共同体，需要国家和政府在运行和管理上给予充分的重视和有力的引导。成立高级别综合性的运行管理机构是协调党中央和地方各级政府以及包括各类企业、社会组织和公众在内的各利益相关者，化解各级政府部门各自为政的本位主义、地方主义，破解碎片化权威的难题，凝聚区域意识和合作精神，充分调动各利益相关者实现合作共赢的政治前提和制度保障。与长江三角洲地区相比，京津冀地区发展基础相对薄弱，区域差距大，情况复杂，建设区域创新共同体更需要国家和政府给予高度的关注和重视。因此，有必要建立一个超越北京、天津、河北三地行政权力的高层次、常设运行与管理机构，统筹规划、引导、推进京津冀创新共同体的发展与建设，协调发展中遇到的重大问题，监督和评价创新共同体建设的工作进展情况，推进京津冀创新共同体顺利发展。另外，北京、天津、河北三地政府及对口单位还应尽快建立和完善协调机制和对话体系，强化京津冀地区内部的沟通合作。通过科学合理的总体布局，努力推动北京、天津、河北三地“一张图”规划、“一盘棋”建设和“一体化”发展。

## 二、凝聚共同的发展目标并强化制度保障

当前，推动京津冀地区协同发展，要以创新共同体建设为契机，分歧中求共识，合作间谋发展，统一思想认识，凝聚北京、天津、河北三地力量共同发展。

### 1. 形成对京津冀创新共同体功能与目标的共同认识

要明确创新共同体在京津冀地区协同发展中的引领和驱动作用，京津冀创新共同体是引领京津冀地区协同发展的重要推手，更是驱动北京、天津、河北三地在各领域开展协同的核心动力。在我国从要素驱动、投资驱动向创新驱动转型的背景下，京津冀创新共同体无疑是打破行政分割、凝聚北京、天津、河北三地合力、以协同创新带动区域经济社会联系、提升单个地区创新能力与整个区域创新实力的重要手段。同时，北京、天津、河北三地还要对宏伟又高远的创新共同体建设目标有充分的认同，并清晰认识到当前面临的问题和需要克服的困难，从而形成对目标和未来发展的准确预期与估计，建立坚定的决心和坚决克服困难实现目标的勇气。只有

北京、天津、河北三地同心同德，创新共同体才能顺利发展，创新共同体的目标才能实现。

2. 以制度设计形成目标共识的物质保障

要设计好区域间的利益分享机制，加快推出京津冀地区协同发展产业转移利益分享机制和园区合作的利益分享机制。要探索建立京津冀标准化区域协作机制，共同制定实施相关标准，促进工作互通、资源共享、服务协同发展的大局。在京津冀地区交通一体化、生态环境保护、产业升级转移等重点领域推进“京津冀新地标体系”建设，突破行政区域和条块分割的掣肘，大幅度提高“京津冀新地标体系”标准的技术含量，完善产业标准体系，为形成共同目标、凝聚发展共识创造更好的制度环境。要加快推进北京、天津、河北三地公共服务体系的统一，进一步加大简政放权力度，打造权力在线运行、审批全程公开的行政管理协同机制，建立区域统一的信用体系和社会信用惩罚联动机制，加强基于信用体系的市场监管能力建设。

## 第三节　强化分工协作打造创新联动

京津冀创新共同体功能的发挥需要北京、天津、河北三地依据各自创新资源与能力优势，结合产业发展，找准定位，做好分工，更需要北京、天津、河北三地相互协同，取长补短，从而在区域层面上实现创新链与产业链的深度融合。

### 一、紧跟规划纲要落实北京、天津、河北三地定位与分工

《京津冀协同发展规划纲要》中对京津冀地区创新发展格局及北京、天津、河北三地分工有明确的规划：北京重点提升原始创新和技术服务能力，天津重点打造产业创新中心和高水平现代化制造业研发转化基地，河北重

点强化科技创新成果应用和示范推广能力。针对北京、天津、河北三地各自的创新定位，结合自身的资源和优势，大力推进北京、天津、河北三地弥合定位差距，实现区域创新功能的专业化、梯次化、有序化，夯实京津冀创新共同体的协同发展基础。

北京要以体制机制改革夯实全国科技创新中心地位。要在“一核”的辐射作用下，强调“两翼”的互联互通、同频共振，形成北京中心城区、北京城市副中心与河北雄安新区功能分工、错位发展的新格局。一方面，要针对创新活动的管理思路、创新研发和创新成果转化等不同环节，关注颠覆性变革、关注释放市场活力、关注去除体制障碍，推进创新的全链条改革。要调整管理理念，推进政府科技管理体制改革；要释放研发活力，加快科研机构市场化改革；要完善成果转化服务体系，加强产学研全方位协作。通过创新全链条改革，打通从创新源头的科技项目立项到终端市场的科技成果转化之间的通道，形成高效顺畅的创新链。另一方面，针对创新人才、创新资本、创新成果等众多创新要素，立足于已有的体制改革基础，把握关键问题和北京优势，推进创新的全要素改革。要激活储能、定向引进，壮大创新人才队伍；要开拓模式、放活管理，加快资本与创新的融合；要深化试点、打通渠道，促成创新成果的灵活转化。通过创新要素的全方位改革，加强人才、资本、成果等要素的充沛性与流动性，形成融合完备的要素流。

天津要强化先进制造的引领辐射作用，打造产业创新中心。首先，以吸引和聚集高端创新资源为核心加快发展先进制造业创新集群。围绕着高端装备、新能源与新能源汽车、新一代信息技术和生物医药等四大先进制造业产业集群，构建与之相适应的科技创新体系、生产服务体系、人才支撑体系，吸引汇聚高水平研发机构、凝聚高端创新创业人才、优化完善全链条科技金融服务。以高端创新资源的聚集提升先进制造业创新能力，打造全国先进制造研发基地。其次，壮大提升科技型中小企业创新实力，培育更多更有活力的创新主体。广泛吸引各类科技人才与商业人才创新创业。支持鼓励大学、科研院所及国有企业等体制内的科技人才创办科技型企业；制定优惠政策，完善创新创业平台与环境，支持和帮助社会及海内外人才在天津创办企业；支持鼓励“小巨人”企业开展产品创新、商业模式创新和市场创新，探索加大对“小巨人”企业开展创新活动的财税优惠和政策支持。再次，推进现代服务业与先进制造业的融合发展。一方面，通过两者融合，拓展现代服务业的领域与覆盖面，推进现代服务业优化升级，强化现代服务业对先进制造业的支撑作用，形成“越界、渗透、融合、提升”的发展态势。另一方面，通过两者融合和新元素、新机制的输入，催生更广范围、更深程度、更高层次的跨界创新，如“互联网+”“文化+”等创新形式，以跨要素、跨平台、跨行业的多元融合创新模式推动发展方式转变、促进产业升级。

河北要营造良好创新生态，提升科技成果应用能力。一方面，围绕重点核心区域营造良好创新创业微生态。加快推进石保廊区域全面创新改革试验区、京南国家科技成果转移转化试验区、环首都现代农业科技示范带、科技冬奥绿色廊道等重点区域的交通、环境、公共服务等基础设施建设，完善相关配套人才、资金、技术、税收等鼓励和优惠政策，确保政策措施全面落实到位。依托重点区域的创新资源，开展科技企业孵化器建设，引入多种创新孵化模式，完善创业孵化体系，为科技企业提供一站式服务。另一方面，实施科技成果转移转化全面推进行动。建立符合科技创新规律和市场经济规律的科技成果转移转化体系，加大力度探索科技成果资本化、产业化的新机制，推进技术转移机构建设，着力构建科技成果网络交易平台、技术创新服务平台、成果转化金融投资平台、众创空间平台。提升成果转化平台服务能力，为技术转移和科技成果转化以及科技企业的发展壮大提供有力支撑。

## 二、强化整条创新链与产业链的协同

建设京津冀创新共同体，需要在区域要素资源和创新主体能力基础上，搭建合作框架；需要围绕京津冀区域经济发展，从多个层面展开北京、天津、河北三地间的创新协同；需要基于多层次创新合作和互动，逐渐完备创新共同体网络结构。

### 1. 集合北京、天津、河北三地优势，通过跨行政区研发合作合理提升区域原始创新能力与发展水平

建立京津冀地区科技合作专项基金，鼓励北京、天津、河北三地开展科技合作。以促进北京、天津、河北三地科研网络建设为目标，支持北京、天津、河北三地合作开展科研项目。鼓励北京、天津、河北三地地方政府在进行科研项目规划时，划拨固定的比例用于支持北京、天津、河北三地合作项目。鼓励北京、天津、河北三地地方政府和机构对下辖的大学或者科研机构获得的合作课题或项目给予配套资金支持。突出北京全国科技创新中心地位，强化其创新思想源头等功能，充分发挥中关村创新引领和辐射带动的示范作用，重点提升北京原始创新和对外技术服务能力，打造以注重原始创新研究的协同创新平台，超前布局前沿科技，力争抢占世界科技前沿地位，带动京津冀地区一体化发展。在天津、保定、廊坊、唐山、秦皇岛等重点区域共建一批国家级、省（市）级工程（技术）研究中心、工程实验室、重点实验室、企业技术中心等创新平台，集中优势力量，围绕重点领域集中突破重点行业关键共性技术、核心技术，提升区域整体创新水平。

### 2. 打通科技成果跨行政区转化通道，以科技成果转化带动区域科技创新合作

鼓励创新共同体内各主体打破行政边界进行跨学科和多领域交流合

作，强化产学研各环节主体的分工合作与资源共享，提高区域内各主体协同创新效率。跨越企业、高校和科研院所间的组织边界，构建跨行政区的企业与高校和科研院所之间科技成果转移转化通道，加快科研成果跨行政区转化速度。组建京津冀协同创新研究院，重点推进北京、天津、河北之间的技术转移与科技成果转化。按照展示、交易、服务、共享、交流“五位一体”的要求，加快建设线上线下融合、功能互补的北京、天津、河北三地统一的技术市场体系。依托中国技术交易所、北方技术交易市场、石家庄科技大市场等京津冀区域主要技术交易机构，搭建京津冀技术交易网络服务平台，完善平台与工作站的统筹对接工作，实现科技创新信息开放共享。推动北京、天津、河北三地依托技术交易平台完成项目对接与攻关协作，引导北京科技创新成果向津、冀转移和扩散。

### 3. 共建特色产业创新集群实现产业分工协同

（1）加快落实北京、天津、河北三地产业分工与转移。充分发挥北京、天津、河北三地优势，分工协作，以《京津冀产业转移指南》及《关于加强京津冀产业转移承接重点平台建设的意见》为指导，加快完成区域内产业承接转移工作，构建北京、天津、河北三地产业梯度发展体系。在区域空间内形成优势互补、分工有序和合作紧密的产业发展模式，为区域协同创新和联动发展以及区域内经济的深度融合奠定基础。

（2）集合北京、天津、河北三地资源共建创新园区和产业基地。以智能制造和生物医药等重点产业为先锋，以“互联网+”和云制造等产业向制造业的深度渗透和应用为手段，集合北京、天津、河北三地优势资源，在区域内打造一批创新能力突出、产业空间布局合理的特色产业集群，加快推进“2+4+46”产业转移承接平台建设，在天津和河北形成多个示范引领和辐射带动效应明显的创新型科技产业园区和区域创新中心。

（3）以协同创新助力传统产业转型升级。以打造产学研结合的跨京津冀科技创新园区链为目标，创新运营管理模式，形成区域科技园区和产业园区联动机制。整合北京、天津、河北三地产业创新联盟资源与平台，搭建津、冀产业创新合作平台，以促进京、津高端制造创新协同以及津、冀制造业创新合作。支持区域内产业链环节转移对接，针对产业链环节转移可能带来的创新联系弱化问题，优化完善相应的联系机制，保持区内产业链与创新链的高效对接与融合。

## 第四节　完善保障机制破除协同障碍

京津冀创新共同体的建设需要体制机制上的创新来保障，需要构建完备的京津冀协同创新治理体系，需要建立起更完善的区域内创新资源流动机制，需要健全成本共担利益共享机制，来支撑创新共同体的形成与发展。

### 一、构建京津冀创新共同体治理体系

#### 1. 成立京津冀创新共同体管理委员会，负责京津冀创新共同体的运营和管理

形成以京津冀协同发展领导小组为最高决策机构，以常设的京津冀创新共同体管理委员会为管理机构，以京津冀协同发展三省市联席会议办公室为辅助执行机构的管理体系。京津冀创新共同体管理委员会将统筹京津冀创新共同体建设，重点推进跨行政区研发合作、产学研协同、科技成果转化等方面工作，将在京津冀行政区间协同的体制机制创新方面发挥重要作用。常态化的三省市联席会议，需要三省市省部级领导牵头，北京、天津、河北三省市发改委、工信部、教育局、财政局、人力资源和社会保障

局、文化局、国资委、税务局、工商管理局、知识产权局以及其他职能领域与京津冀创新共同体建设相关的委办局和机构的主要负责人参加。

### 2. 优化以政府主导的多元合作框架，形成京津冀创新共同体的多元协同治理模式

在京津冀创新共同体建设实践中，政府与非政府的社会主体之间的结构安排对于创新共同体建设起着关键性的作用。要充分调动各类社会力量，组建京津冀创新共同体咨询委员会，广泛吸纳代表性院所、大中型企业、各领域专家、创新联盟以及服务于中小企业、民营经济的商会、行会、协会等社会组织，形成多个利益相关主体共同参与的多元协同治理模式。京津冀创新共同体治理模式的体制框架设计需要妥善处理好三个问题，即在顺应京津冀区域政治行政生态背景以及经济社会发展现状的基础上，实现横向地方政府间关系、纵向党中央政府与地方政府间，以及地方政府与非政府的社会主体之间合理的结构安排。

### 3. 要着力完善京津冀创新共同体的反馈机制

虽有历史上的渊源和联系，但北京、天津、河北三地在发展水平、产业基础、资源禀赋、民风民情等多方面仍存在较大差异，这为政策措施的制定、完善与优化增加了难度，需要建立顺畅的反馈机制以促进政府与公众之间的交流和沟通。反馈机制是政府对京津冀创新共同体治理机制有效运行的重要保障。可以建立民意反馈的统一网络工作平台，北京、天津、河北三地公众都可以借此平台来反馈各自的诉求，与各个具体问题相关的政府部门会和公众进行交流。反馈机制应当遵守以下原则：公众参与的结果公开，对不采纳的建议和意见说明理由；政府参考公众意见的操作规程公开；政策制定中的论证过程应公开。

## 二、加快推进管理一体化改革促进完善创新资源流动

### 1. 要加快推进高校和科研院所机制体制改革，实现区域内人才流动和产业发展的良性互动

打破人才流动的制度枷锁，鼓励区域内人才进行异地技术创新合作和科研成果转化。建立北京、天津、河北三地常态化的高等院校、科研机构与企业间的科技人才流动机制，探索科技人才在京津冀地区流动和发展的试点政策。鼓励北京、天津的科技人才到河北挂职，促进北京科技人才有重点地向天津和河北转移。鼓励北京的高等院校和科研机构与天津和河北的企业开展科技人员交流活动。推动共建人才基地与当地企业和产业的交流与对接，强化共建人才对当地企业用人需求的支撑作用。加强区域内基础设施建设和提高区域内公共服务水平，推动共建基地及人才与当地社区的融合。

### 2. 探索人才方面互利互通和互认的工作体系

构建京津冀智力服务平台，在区域内人才政策、人才流动和人才评价等方面探索互利互通和互认的工作体系，探索和创新区域内人才交流和流动的新模式，完善区域内人才交流循环体系，促进区域内人才的有效流动。以北京为核心构建全球高端科技人才网络，搭建北京、天津、河北三地海外人才信息共享平台，共同引进海外科技创新人才，满足京津冀地区协同发展的高端人才需要，形成区域内全球人才流动循环。推动建立北京、天津、河北三地统一、规范、灵活的人力资源市场，搭建北京、天津、河北三地人力资源信息共享及人才交流合作平台。如可建立京津冀人力资源市场网络公共服务平台，发布北京、天津、河北三地的就业供需信息、就业服务信息、就业技能培训信息、社会保险信息、劳动管理信息、产业变化信息等，实现北京、天津、河北三地信息共享、

公共服务均等化服务。

### 3. 加强科技资源跨行政区共用共享

促进大型科学仪器设备、重大科技基础设施、重大科学工程和科技信息资源等跨行政区共享共用，提升科技资源的使用和运转效率。推动首都科技条件平台与河北省大型科学仪器资源共享服务联盟、天津科技条件服务平台的对接共享和一体化建设。推进科学仪器资源共享服务、检测认证资源共享服务。健全区域内公共技术服务体系，通过完备的基础检验检测手段服务于企业研发和测试需求，让不断涌现的科技资源和成果在区域内实现互通共享，促进区域内创新要素流动。建立科技报告制度，推进北京、天津、河北三地共建科技成果库。建立服务京津冀地区、面向全国的新技术新产品（服务）采购平台，推动制定京津冀地区统一技术标准的科技创新产品目录。

## 三、健全成本共担利益共享机制

### 1. 建立合理的税收利益共享和征管协调机制

要突破京津冀地区行政分割的财税体制，研究探索产业转移税收利益共享机制。探索建立新增税收分成的财税机制。针对北京、天津、河北三地政府合作协调中的功能区划与生产力布局调整，如生产投资、产业转移、共建园区、科技成果落地、招商引资异地落地等诸多情况，探索有效的地区间税收分享和产值分计。加强区域税收优惠政策的规范管理，减少税收政策洼地，促进要素自由流动。建立北京、天津、河北三地互认的征收管理制度，构建税收信息沟通与常态化交流机制，实现税源、政策和稽查等信息共享，建立区域税收利益争端处理和稽查协作机制。

### 2. 建立利益分配与补偿机制

以《京津冀协同发展规划纲要》为基础，科学划分区域内疏解地的补助级差，对区内发展补助区进行合理的财政补助，依据财政补贴机制向从京、津两大直辖市疏散到河北的各类单位发放合理搬迁补偿费。在实现区域公共服务一体化的过程中一方面要加大转移支持力度，另一方面要发挥市场与政府的双重作用，政府间协商补偿、市场规律主导。在建立陆海统筹的生态系统保护修复和污染防治区域联动机制方面，要不断完善生态和水资源补偿机制等。

### 3. 加快推动公共服务一体化发展

（1）统筹公共教育服务。在基础教育领域、教育经费配置向薄弱地区大力倾斜，促进京津冀地区基础教育学校在办学模式、师资培养、教育教学等领域开展合作，实现京津冀地区基础教育多层次的均衡。在高等教育和职业教育领域，积极探索京津冀地区学校之间的合作方式，实现招生制度一体化和就业平台一体化，大力支持跨地办学、共建校区、课程互选、学分互认、远程教育等多种形式的教育合作，实现京津冀地区高等教育和专业教育服务均等化。

（2）统筹医疗卫生服务。北京、天津、河北三地按照国家整体规划，强化与对口单位的协调和沟通，科学谋划区域医疗卫生功能布局，定期解决各项具体问题，积极稳妥地推进合作项目，搭建医疗卫生功能承接平台。应通过促进合作办医、双向转诊、医疗信息互联互通、移动医疗和云医疗技术开发、跨地区医疗服务购买，逐步拉平京津冀地区医疗服务水平，完善基本医疗保障。

（3）统筹社会保障服务。一是互相认同各地视同缴费年限和实际缴费年限。北京、天津、河北三地应当同步修订并统一政策，或是同时进行统筹基金补偿性转移。二是医疗费用支付管理服务协同。北京、天津、河北三地需要实现定点医疗机构互认，异地就医协查，推进异地就医结算，适应并服务于老龄化社会异地养老的大趋势。三是可以建立异地工伤协查制度，节省事务费用。建议建立联席会议制度，加强沟通协调的联系机制。

## 第五节　推进文化建设提升区域认同

文化建设是保障京津冀创新共同体建设最深层的保障，也是京津冀地区协同发展的软基石。要大力弘扬开放共享的创新文化，还要强化北京、天津、河北三地共同的文化认同感，以文化认同消除北京、天津、河北三地协同发展的心理藩篱，强化区域融合的凝聚力和推动力。

### 一、积极弘扬开放共享的创新文化

#### 1. 大力培育开放共享的合作与创新精神

要与党的十八届五中全会提出的五大发展理念的贯彻落实相结合，改变京津冀地区“一亩三分地”“各扫自家门前雪”的消极和封闭思维方式。要深刻认识到“一花独放不是春，百花齐放春满园”，以开放推动北京、天津、河北三地要素市场和产权市场的统一，促进北京、天津、河北三地要素资源的自由流动和优化配置，拓展北京、天津、河北三地共同的经济发展空间，提升区域经济发展水平，实现北京、天津、河北三地共同发展。要大力倡导共享精神，树立合作共赢的理念，形成最具精神影响力的创新共同体，使北京、天津、河北三地在共建共享发展中有更多获得感，京津冀地区协同发展才能摆脱停滞不前举步艰难的境地，京津冀创新共同体才能发挥优势互补、共建共享、团结共进的制度与模式优势，以共同目标为引领，集结北京、天津、河北三地优质创新资源，集合政产学研用多方力量，实现区域创新能力与创新绩效的快速高效跃迁。

#### 2. 以制度建设塑造创新文化，打造良好创新环境

文化是孕育创新的土壤。形成开放共享的创新文化，关键是通过深化改革，为其提供必要的制度保证。京津冀地区可出台相关的政策和法律，

鼓励北京、天津、河北三地的公民、法人和其他组织开展各类合作、开放共享活动，对有突出表现和贡献的单位及个人进行表彰、奖励。还要对北京、天津、河北三地中锐意创新大胆改革的行为进行鼓励。在鼓励、保障改革创新的同时，还要宽容改革创新的失误，通过责任豁免，解决改革创新的后顾之忧。例如，因法律法规规章的修改或国家政策调整等不可抗力原因，导致改革创新工作没有实现预期目标的，决策、实施单位和个人不承担相关责任。如果改革创新工作没有实现预期目标，但有关单位和个人是按照规定来进行决策、实施，并且勤勉尽责、没有牟取私利的，不会对有关单位和个人作负面评价，也不追究有关个人的相关责任。

## 二、强化北京、天津、河北三地共同的文化认同感

### 1. 开展相关研究，形成北京、天津、河北三地文化认同的决策基础

加强政策调研，建构相关的评价体系，摸清影响京津冀地区文化认同的阻碍因素，加强京津冀地区制度文化建设，从政策上保障京津冀地区一体化发展的方向。要明确文化在京津冀地区一体化进程中应如何发挥特殊作用，文化政策如何保障与社会、经济、政治、生态的良性互动，如何真正在北京、天津、河北三地形成一致的文化认同等重大问题。

### 2. 加强顶层设计，形成北京、天津、河北三地文化认同的产业基础

发挥政府引导作用，将文化协同发展纳入京津冀地区大局中进行统筹规划，形成分工合理的互补式发展格局。

（1）建立联席会议制度，统筹谋划协同发展。在统筹规划区域文化发展布局、推进现代公共文化服务体系建设、推进演艺文化交流与合作、加强文化产业协作发展、加快优秀传统文化的保护与利用、培育统一开放的

区域文化市场等方面，建立协调协同机制，从政策、制度层面上，研究制定协同发展政策措施、探讨合作模式和搭建合作平台。

（2）统筹规划区域文化发展布局。站在区域合作与发展的顶层，共同开展专题调研，以各自文化优势为基础，从京津冀地区协同发展战略入手，对文化特色定位、文化重大项目、产业空间布局、对接专项合作进行整体规划，使规划与京津冀地区协同发展战略相衔接，又与北京、天津、河北三地文化发展相同步，推动北京、天津、河北三地文化发展实现同城化谋划、联动式合作、协同化发展。

### 3. 构建北京、天津、河北三地公共文化服务网络，形成北京、天津、河北三地文化认同的服务基础

以信息互通、资源共享为目标，构建北京、天津、河北三地公共文化服务网络。要充分利用“互联网+”数字技术，加快京津冀地区公共文化服务平台建设。

（1）推进文化信息资源共享工程。整合北京、天津、河北三地公共文化信息资源，大力推进数字图书馆、数字博物馆、数字美术馆、数字群艺馆、非物质文化遗产数字博物馆等平台建设，实现北京、天津、河北三地互联网对接，构筑涵盖北京、天津、河北三地展示演出、场馆导览、图书阅读、文博及非物质文化遗产保护等信息服务为主的数字化公共文化服务体系。

（2）推动北京、天津、河北三地演艺要素市场联网。建立“京津冀演艺网络平台”，集剧目宣传推介、票务营销、观众需求反馈为一体，实现演艺信息互联互通，线上线下双向资源统一，构建辐射北京、天津、河北三地的演艺市场，激活文化协同发展活力，促进北京、天津、河北三地演艺市场一体化。

## 第六节 本章小结

京津冀创新共同体的建设是一个系统工程，需要统筹推进和协调。着眼于京津冀创新共同体建设的战略目标与当前的发展现实，当前京津冀创新共同体建设需要聚焦五方面的关键举措和重点任务：

（1）继续夯实创新共同体建设的交通、认知和制度基础；

（2）通过增量管理和凝聚共同目标保证对共同发展方向的认同；

（3）通过落实产业分工和协同实现创新联动；

（4）通过各类体制机制建设破除当前存在的协同障碍；

（5）通过文化建设营造更好的区域协同软环境。